IFA DIVINATION POETRY

TRADITIONAL AFRICAN LITERATURE

General Editor: Kofi Awoonor
Chairman, Comparative Literature Program State University of New York, Stony Brook

GUARDIANS OF THE SACRED WORD: Ewe Poetry
KOFI AWOONOR

The Calabash of Wisdom and Other Igbo Stories
ROMANUS EGUDU

Ifa Divination Poetry
WANDE ABIMBOLA

IFA
DIVINATION POETRY

Translated, edited and with an introduction by
WANDE ABIMBOLA

NOK Publishers Ltd
NEW YORK · LONDON · LAGOS

First published by NOK Publishers, Ltd.
150 Fifth Avenue, New York, N.Y. 10011

Library of Congress Catalog Card Number
73–86025

International Standard Book Number
0–88357–023–8   Cloth
0–88357–047–5   Paper

PREFACE

Ifá is an important system of divination found in many cultures of West Africa. In Yorubaland where Ifá is a major divinity, this fascinating system of divination has been closely identified with Yoruba history, mythology, religion and folk-medicine. The Yoruba regard Ifá as the repository of their beliefs and moral values. The Ifá divination system and the extensive poetic chants associated with it are used by the Yoruba to validate important aspects of their culture. Ifá divination is therefore performed by the Yoruba during all their important rites of passage such as naming and marriage ceremonies, funeral rites and the installation of kings. In traditional Yoruba society, the authority of Ifá permeated every aspect of life because the Yoruba regard Ifá as the voice of the divinities and the wisdom of the ancestors.

This work presents sixty-four poems of Ifá from the major sixteen *Odù* (categories) of Ifá literary corpus. The work is in two parts. The first part is the introduction which covers the mythology of Ifá, his instruments of divination, the training of Ifá priests, the process of Ifá divination and an evaluation of the position of this divinity and his elaborate system of divination among the Yoruba people. The introduction also deals with the significance of the *Odù* as the most important point of reference within the whole corpus. The last section of the introduction presents a structural, stylistic and thematic analysis of Ifá divination poetry.

The second part of the work is a presentation of textual material. A total of sixty-four poems of Ifá are presented both in their Yoruba original version and in English translation. Four poems are presented from each of the major sixteen *Odù*. Each poem in the English version is provided with a title which sums up its subject-matter. The English translation is also accompanied with adequate notes designed to elucidate cultural and linguistic details not covered by the translated text.

This book is designed to meet the needs of the general reader as well as the specialist who wants to inform himself about the richness of African oral poetry. The reader will see from the introduction how the Yoruba have attempted to use a poetic genre as a vehicle for the preservation and development of their culture. The Ifá system of divination and its fantastic corpus of poetic chants show clearly the ingenuity of non-literate peoples to develop, preserve and disseminate the ingredients of their own culture even without knowing the art of writing.

INDIANA UNIVERSITY BLOOMINGTON   MARCH 1973

INTRODUCTION

I. THE IFA DIVINATION SYSTEM

(A) THE MYTHOLOGY OF IFA

According to Yoruba belief, Ifá (otherwise known as *Ọ̀rúnmìlà*) was one of the four hundred and one divinities[1] who came from *ọ̀run* (heaven) to *ayé* (earth). *Olódùmarè*, the Yoruba High God, charged each one of these divinities with a particular function to be performed on earth.[2] For example, *Ògún*[3] was put in charge of all things related to war and hunting and the use of iron implements while *Ọ̀ọ̀sàálá*[4] was charged with the responsibility for moulding human beings with clay. *Èṣù*[5] was the universal policeman and keeper of the *àṣẹ*, the divine power with which *Olódùmarè* created the universe and maintained its physical laws. Ifá was put in charge of divination because of his great wisdom which he acquired as a result of his presence by the side of *Olódùmarè* when the latter created the universe. Ifá therefore knew all the hidden secrets of the universe. Hence, his praise-name *Akéréfinúsọgbọ́n* (the small one whose mind is full of wisdom).

The Yoruba believe that the four-hundred and one divinities mentioned above descended from the skies[6] into the city of *Ifẹ̀*.[7] At that time there were no creatures of any kind on the earth. The divinities were therefore the first inhabitants of the earth, and *Ifẹ̀* was the first place on earth inhabited by human species.[8]

When the divinities arrived on earth, they found that planet completely covered up with water. But before they left *ọ̀run*, *Olódùmarè* gave them a basket-full (or calabash-full?) of sand, a hen with five fingers[9] and a camelion.[10] Before the divinities landed, they sent the hen down to *Ifẹ̀* with the parcel of sand. The hen scattered the earth and solid earth appeared. The camelion then walked on it to find out how solid it was. The divinities then descended upon solid earth

[1]

and pitched their camps in different parts of *Ifẹ̀*. The hen and the camelion thus became the first creatures to live upon the moulten primordial earth and the divinities were the first beings to live upon solid land.

After the arrival of the divinities, human population developed at *Ifẹ̀* in two different ways. The divinities married among themselves (there were male as well as female divinities) and gave birth to a lineage of men who later became the divine rulers[11] of the Yoruba. Furthermore, *Olódùmarè* with the help of *Òòṣàálá* created the human beings proper who became the subjects over whom the divinities and their descendants ruled. Out of the descendants of the divinities, the children of *Odùduwà* became the most important politically, and they eventually formed the bulk of the ruling dynasty of the most powerful Yoruba kingdoms.[12] The culminating point in the power of these divine rulers was achieved in the imperial organisation of the old *Ọyọ* Empire.[13]

At *Ifẹ̀ Ọrúnmìlà* settled in a place known as *Òkè Ìgètí*.[14] He lived here for many years. At first he was childless but later he had eight male children.[15] He later left *Ifẹ̀* for *Adó* where he spent the remainder of his life. Hence, the saying, *Adó nilé Ifá* (*Adó* is the home of Ifá).[16]

While on earth, *Ọrúnmìlà* employed his timeless wisdom to organise human society on an orderly basis. He also taught his disciples the secrets of divination. But, like the other divinities, *Ọrúnmìlà* returned to *ọrun* after he had accomplished his tasks on earth. His return to *ọrun* was, however, caused by a quarrel which occurred between him and one of his children, *Ọlọ́wọ̀*, his last-born son. The details of that quarrel between father and son are given in *Ìwòrì Méjì*.[17] According to the story in *Ìwòrì Méjì*, one day, *Ọrúnmìlà* invited his eight children to celebrate an important festival with him. As each one of them arrived, they bowed down and saluted their father with the words *àbọrúbọyè bọ ṣíṣẹ* (may the sacrifices be accepted and blessed) as a sign of their respect and obedience to him. But when it came to the turn of *Ọlọ́wọ̀*, he stood still and said nothing. A dialogue then ensued between father and son during which *Ọrúnmìlà* ordered *Ọlọ́wọ̀* to give the salute already given by his brothers. But *Ọlọ́wọ̀* refused to give the salute pointing out that as he was a crowned head like his father, it was degrading for him to bow down to anyone. When *Ọrúnmìlà* heard this, he became annoyed and he decided to return to *ọrun*.[18]

Immediately after the departure of *Ọrúnmìlà*, the earth was thrown

[2]

into chaos and confusion. The cycle of fertility and regeneration both in nature and in human beings collapsed. Human society moved dangerously close to anarchy and disorder as everything was faced with imminent destruction. The state of confusion and uncertainty on earth, after the departure of *Ọ̀rúnmìlà*, is depicted in the following poem.

Aboyún ò bí mọ́
Àgàn ọ̀ tọwọ́ àlà bosùn.
Òkùnrùn ò dìde.
Akeremọdòó wẹ̀wù ìràwé.
Àtọ̀ gbẹ mọ́ ọmọkùnrin ní ìdí;
Obìnrin ò rí àsẹ́ẹ rẹ̀ mọ́.
Iṣú pẹyin ọ̀ ta;
Àgbàdó tàpẹ́ ò gbó;
Erèé yọjú ọpọ̀lọ́.
Òjò páápààpáá kán sílẹ̀,
Adìẹ́ ṣà á mì.
A pọ́n ọ̀bẹ sílẹ̀,
Ewúrẹ́ mú un jẹ.[19]

(Pregnant women could not deliver their babies;
Barren women remained barren.
Small rivers were covered up with fallen leaves.
Semen dried up in men's testicles
Women no longer saw their menstruation.
Yam formed small but undeveloped tubers;
Corn grew small but unripened ears.
Scattered drops of rain fell down,
Chicken attempted to eat them up:
Well-sharpened razors were placed on the floor,
And goats attempted to devour them.[20])

When the earth no longer had peace, it was decided that the children of *Ọ̀rúnmìlà* should go to *ọ̀run* and persuade their father to return to the earth. Accordingly, the eight children of *Ọ̀rúnmìlà* went to *ọ̀run* where they met their father at the foot of "the much-climbed palm-tree which branched here and there and had sixteen hut-like heads."[21] They persuaded their father to return to the earth but he refused, and instead, he gave each one of them sixteen palm-nuts and said:

[3]

Bẹ́ ẹ bá délé,
Bẹ́ ẹ bá fówóó ní,
Ẹni tẹ́ẹ́ mọọ bi nù un.
Bẹ́ ẹ bá délé,
Bẹ́ ẹ bá fáyaá ní,
Ẹni tẹ́ẹ́ mọọ bi nù un.
Bẹ́ ẹ bá délé,
Bẹ́ ẹ bá fọ́mọọ́ bí,
Ẹni tẹ́ẹ́ mọọ bi nù un. . . .
Ire gbogbo tẹ́ ẹ bá fẹ́ẹ́ ní láyé,
Ẹni tee mọọ bi nù un. . . .[22]

(When you reach home,
If you want to have money,
That is the person you should consult.
When you reach home,
If you want to have wives,
That is the person you should consult.
When you reach home,
If you want to have children,
That is the person you should consult. . . .
Any good thing you wish to have on earth,
That is the person you should consult . . .).

When the children of Ọ̀rúnmìlà returned to the earth, they started to use these sixteen palm-nuts as instruments of divination to find out the wishes of the divinities. Ọ̀rúnmìlà replaced himself here on earth with the sixteen palmnuts known as *ikin* and from that time those sixteen sacred palmnuts became the most important instrument of Ifá divination.

(B) THE PARAPHERNALIA OF IFA DIVINATION

(i) Ikin (*The Sacred Sixteen Palmnuts*)

Ikin is regarded as the most ancient and most important instrument of Ifá divination. It consists of sixteen palmnuts taken from a special palm-tree known as *ọ̀pẹ̀* Ifá (Ifá palm-tree). Each fruit of this palm-tree has four eye-lets on its thick bottom edge. The Yoruba believe that this type of palm-nut is sacred to Ifá and should not be used for making palm-oil.

The sixteen sacred palm-nuts are kept in a lidded and decorated

[4]

Ifá bowl which is made of metal or wood. This bowl is kept in a corner of a room inside the house where the Ifá priest lives. Prayers and sacrifices are made to it in that location which can be regarded as the Ifá shrine of that particular priest. The sacred palm-nuts are hardly ever removed from that location except for "washing" or purification which is performed occasionally both to clean it of dirt and to reinforce its divine potency. But when the Ifá priest dies, the *ikin* can be removed from its resting place and transferred to a relation of the deceased. The transfer often involves the offering of sacrifice and another purification ceremony. Some people prefer to bury the sacred palm-nuts with the dead to free themselves from performing this rather elaborate and costly obligation.

The sacred palm-nuts are employed for divination on rare and important occasions such as public divinations of high ritualistic significance like the divination performed when installing a new king. The Ifá priest also uses the sacred palm-nuts when he is consulting Ifá on behalf of himself or very close members of his family. Whenever he employs the sacred palm-nuts for divination, the Ifá priest must use them alongside with the sacred powder of divination as described below.

The sacred powder of divination is kept inside a carved Ifá tray and placed in front of the diviner who keeps the sixteen palm-nuts inside one of his palms and tries to take them all at a single stroke with his other palm. If two palm-nuts remain in his palm, he makes one vertical mark on the powder of divination. If one palm-nut remains, he makes two marks below the first mark. But if he succeeds in taking all the palm-nuts at once so that none remain in his palm, he will make no marks at all. In the same way, if more than two palm-nuts remain inside his palm, he will not make any marks on the powder of divination. The Ifá priest must make such marks four times on the right and four times on the left. The result will give him the signature of an *Odù* (chapter or category of Ifá literary corpus). If, for example, he makes one mark four times on the right and four marks four times on the left, the signature is that of *Èjì Ogbè* whose pattern will appear as follows:

| |
| |
| |
| |

If he makes two marks four times on the right and four times on the left, the signature is that of Ọ̀yẹ̀kú Méjì which will be as follows:

There is a total of 256 patterns of the kind described above in Ifá divination.[23] Each pattern is known as *Odù* or category of Ifá divination poetry. It is believed that each *Odù* contains 600 *ẹsẹ* or poems of Ifá. The Ifá priest learns as many poems as possible from each of the 256 *Odù* and recites these to his clients in the manner described in detail below.

(ii) Ọ̀pẹ̀lẹ̀ (*The Divining Chain*)

Another important instrument of Ifá divination is known as *ọ̀pẹ̀lẹ̀*, the divining chain. This chain, which has two open ends at the bottom part, is made either of metal or cotton string. Four half-nuts of the *ọ̀pẹ̀lẹ̀* fruit[24] are attached to each half of the chain (both on the right and left). Each of these half-nuts (which resemble the kolanut) has a smooth (outside) surface and a rough (inside) surface. If the chain is made of metal, the half-nuts are also made of metal in such a way that they look like the *ọ̀pẹ̀lẹ̀* half-nuts.

The Ifá priest holds the chain in the middle of its top region and throws it away from himself. When the chain falls on the ground, each of the four half-nuts on either side will present its outside or inside surface upwards. There are 2^8 possibilities of this form of presentation each time the Ifá priest throws his chain. Each of these possibilities of presentation is known as an *Odù* or chapter in the Ifá divination corpus. The whole corpus contains 256 (2^8) chapters. The chapters have names which are exactly the same as the names ascribed to the patterns printed on the powder of divination when the sixteen sacred palm-nuts are used for divination. For example, when all the eight nuts present their inside surface upward, that pattern is known as *Èjì Ogbè* and when they present their outside surface, the signature is that of *Ọ̀yẹ̀kú Méjì*.

The Ifá priest keeps the divining chain inside a leather or cotton bag known as *àpò Ifá* which he hangs on one of his shoulders and which forms part of his outfit whenever he is going outside the house. It is due to the habit of hanging this bag on the shoulders that the Ifá priest is known as *akápò* (carrier of Ifá bag).

[6]

The divining chain is used more frequently than the sacred palm-nuts for purposes of divination. The Ifá priest uses the divining chain for most of his day-to-day divination involving his numerous clients and reserves the sacred palm-nut for more important occasions. This is due to the importance of the sacred palm-nuts as the most ancient symbol of Ifá which cannot be moved about for all occasions of divination. Furthermore, the divining chain is easier to manipulate so that the Ifá priest can obtain the signature of an *Odù* more easily by making use of it.

(iii) Ìbò (*Instruments for Casting Lots*)
When an *Odù* has been found and the client has recognised the poem which applies to his own problem, the Ifá priest then makes use of the *ìbò* to find out further details reggarding the interpretation of the poem which has been identified. For whom is the message of Ifá intended, the client or one of his relations? How is the sacrifice which the client has been asked to offer to be disposed of? These and other problems are solved by the use of the *ìbò*.

The basic instruments in the *ìbò* are a pair of cowry shells tied together and a piece of bone. The cowry shells stand for an affirmative reply while the bone stands for a negative reply from the divinity in respect of every question posed. But several other instruments are also used as part of the *ìbò* to symbolise different things. For example, a piece of rock stands for good health while the black ake-apple nut represents *Ọ̀rúnmìlà* himself.

The belief of the Ifá priest and his client regarding the use of the *ìbò* is that Ifá will speak to the client through the *ìbò* instruments in order to explain the details of a poem which has already been identified as the appropriate poem having direct bearing to his problem. The Ifá priest asks the client to keep the bone in one palm and the pair of cowry shells in the other palm. The client can keep any of the two objects in any palm, left or right. The priest then poses a question to the divinity, such as: "Ifá you say that you see ill-health. Who is the person involved? Is it the client's wife?" The priest then manipulates his divination instruments twice. If the *Odù* which he sees the second time is senior to the one which he sees the first time, the priest will ask the client to declare the contents of his right hand; but if the *Odù* seen the second time is junior to the first one, he will ask for the contents of the left hand. If, for example, the content of the right hand is the piece of bone, it means that the answer to the original

[7]

question is negative. In that case, the name of another relation of the client or the client himself is substituted, the question is posed again, and the divination continues until an affirmative answer is obtained.

The *ibò* are therefore used to find answers to the problems which may arise in the process of interpreting an Ifá poem. They act as a means of quick communication between Ifá and the client. Without the *ibò*, it will be impossible to determine all the minute ramifications of each divination. But the client is interested in these minute details in order to gain the satisfaction and confidence that he has identified his problem and offered the right solution.

(iv) Ìyèròsùn (*Divination Powder*)

When the Ifá priest uses the sacred palm-nuts for divination, as explained above, he prints the single or double marks obtained during each manipulation on the sacred powder of divination known as *iyèròsùn*. This whitish (or yellowish) powder is obtained from the *irosùn* tree or from dry bamboo eaten up into powder by termites. The powder is put inside *ọpọ́n* Ifá (the carved wooden tray) and the Ifá priest makes marks on it as he manipulates the sacred palm-nuts.

The powder of divination is highly regarded by Ifá priests as a sacred symbol of Ifá. Particles of this powder are sprinkled on sacrifices to insure acceptance by the divinities. The client is also sometimes asked to swallow some of the powder and rub it on his head to forge a bond of unity between him and the divinities so that he may get the satisfaction that the divinities are in support of his cause and have approved of his action.

(v) Ìrọ́kẹ̀ (*Carved Wooden Or Ivory Object Used To Invoke Ifá*)

While performing divination, the Ifá priest strikes the divining tray repeatedly with the *ìrọ́kẹ̀* to call Ifá to be present at the divination exercise. Trainees or subordinates of important Ifá priests carry the *ìrọ́kẹ̀* in front of their masters whenever they go out to attend any important ceremony. The *ìrọ́kẹ̀* is therefore a symbol of the authority and supremacy of the Ifá priest concerned.

The *ìrọ́kẹ̀* is carved with ivory or wood in small and large sizes. On some *ìrọ́kẹ̀*, a human figure or the head of a human being is carved. The upper part of the *ìrọ́kẹ̀* is carved in a long, sharp and conical shape. The bottom part is thick so that it can support the upper part when the instrument is made to stand erect. The Ifá priest holds the

[8]

ìrókè at this thick bottom part while he strikes the long upper part against the divining board during the process of divination.

(vi) Ọpọ́n Ifá (*The Divining Tray*)

As mentioned above, the Ifá priest prints his marks on a wooden tray when he uses the sacred palm-nuts for divination. The divining tray is carved into different shapes and sizes. The edges of each tray are dominated by intricate patterns of different objects such as birds, reptiles, tortoises, and wild animals. The middle of the top section is usually reserved for the image of Èṣù (the trickster divinity who keeps the àṣẹ). From this position, the image of Èṣù faces the Ifá priest as if he is directing or watching the divination exercise. The inside of the tray itself is either circular or square.

(c) THE PROCESS OF IFA DIVINATION

Ifá priests attend to several clients every day. These clients have different kinds of problems ranging from advice on whether or not to go on a journey to matters of life and death involving a sick person on behalf of whom a close relation consults Ifá. Some clients also consult Ifá at critical moments of their lives involving marriage, divorce, change of profession or place of abode.

When the client enters the house of the Ifá priest, he salutes him and expresses a wish to "talk with the divinity." The Ifá priest then takes out his divining chain and lays it on a mat or a raffia tray in front of the client. The client whispers his problem to a coin or a cowry shell and drops it on the Ifá instruments. Alternatively, the client could pick up the divining chain or the ìbò and whisper his problem to it directly. In either case, it is believed that the wishes of the client's orí[25] (God of predestination who knows what is good for every person) have been communicated to Ifá who will then produce the appropriate answer through the first Odù which the Ifá priest will cast when he manipulates his divining chain.

The Ifá priest then picks up the divining chain after offering a few words of salute to Ifá. He urges Ifá to provide the appropriate answer to the client's problem without any delay. The Ifá priest then utters the ìbà[26] (permission from authorities) to ilẹ̀[27] (the earth), Olódùmarè (the Almighty God), and his masters in the art of divination. He throws the divining chain in front of himself and quickly reads and pronounces the name of the Odù whose signature he has

[9]

seen. The answer to the client's problem will be found only in this *Odù*.

The Ifá priest then begins to chant verses from the *Odù* which he has seen while the client watches and listens. The priest chants as many poems as he knows from that *Odù* until he chants a poem which tells a story containing a problem similar to the clent's own problem. At that stage, the client stops him and asks for further explanation of that particular poem. The Ifá priest will interpret that particular poem and mention the sacrifice which the client must perform.

Sometimes during the process of divination, the client will recognise certain poems the content of which contain problems similar to the problems of certain members of his family. He may also recognise a poem which relates to other personal problems of his own different from the original one on account of which he has consulted Ifá. It may also happen that the client does not know which poem to choose out of the poems chanted by the Ifá priest. In all these cases, the *ibò* will be used to clarify and elucidate the actual message of Ifá.

If, however, the client feels that none of the poems chanted by the Ifá priest has anything to do with his own problem, the Ifá priest will continue to chant more and more poems until one will be found which will satisfy the client. But if the Ifá priest has exhausted his stock of Ifá poems, he will politely ask the client to come back the following day or at any other appointed time to continue the divination. Meanwhile, the Ifá priest will learn more poems from the original *Odù* in question and when his client comes back, if at all, he will chant the new poems in the hope that the client will this time be satisfied. In traditional Yoruba society, Ifá priests are freed from this embarrassment due to a system whereby diviners practised as a group consisting of two or more priests. When Ifá priests practise in this form, it is easier to satisfy their clients since one priest will take over when his colleague exhausts his stock of poems or simply cannot remember more poems at that particular time.

When the client is completely satisfied with both the poem he picked for himself as well as its interpretation, he proceeds to perform the stipulated sacrifice. If the materials required for sacrifice cannot be found within the immediate vicinity of the place of divination, or if the client has no money to buy the materials at that particular time, the sacrifice can be postponed until a time when the client is ready with the materials. In certain cases, the client may leave a sum of money which is considered sufficient to buy the materials with the Ifá priest who will buy the materials and perform the sacrifice on behalf of his client. If the client is a poor man, he may offer a fraction of the stipulated materials.

The important point, however, is that whatever happens, the client must make sure that he performs the prescribed sacrifice. The Ifá divination system condemns in very strong terms those people who evade the sacrifices stipulated for them. It is believed that such people open themselves to the attack of the *ajogun*[28] without any help or protection from the divinities. A man can, therefore, never hope for success in any endeavour on which he has consulted Ifá unless he has performed the prescribed sacrifice. Offering of sacrifice means that the divinities have sanctioned whatever the client plans to do and the client himself derives immense psychological satisfaction from the realisation that the divinities and the ancestors are in support of his plan. Furthermore, sacrifice provides the Ifá priest with a good part of his daily bread since he is allowed to retain certain parts of the offerings made by his clients for his own purposes. Whenever he is in doubt as to what part of any sacrifice he can reserve for himself, he can always use his *ibo* to achieve clarification.

Sacrifice is therefore central to Ifá divination and to Yoruba religion as a whole. Sacrifice keeps the belief system going and links the client, the diviner, the divinities and the ancestors together through a system of service and reward. When the client refuses to perform sacrifice, he makes it impossible for this system of action and reaction to be completed. Such a client therefore commits a rape of the belief system since he has exploited the divinities by inviting them to identify and solve his problem for him without providing them with their stipulated reward. Hence, not only will the divinities cease to support him, they may also punish him for his shameless exploitation.

(D) THE TRAINING OF IFA PRIESTS

In the traditional Yoruba society, Ifá priests were the physicians, psychiatrists, historians, and philosophers of the communities to which they belonged. It is therefore not surprising that an elaborate system of training involving so much time and patience is marked out for all who aspire to become Ifá priests. The result is that the

[11]

percentage of people who successfully complete the long and arduous training is usually very small.

Most people start their training at an early age, usually between ten and twelve, and they remain with their master for the next ten or fifteen years before the first part of their training is completed. In most cases, the trainees live with their master and help him do some work both at home and on his farm (if the master-priest has a farm) or in his garden.

The beginning of the training consists in the teaching of the novice how to manipulate both the divining chain and the sacred palm-nuts. The trainee learns, in this part of the training, the signatures and the names of each of the 256 *Odù*. This takes at least two or three years. It is a basic part of the training which requires a good memory and a lot of patience and dedication on the part of the trainee.

After the trainee has mastered the names of the *Odù* and their signatures, he then learns step by step the poems that belong to each *Odù*. The master-priest recites several lines of a poem at a time while the trainee parrots him. In this way, one short poem can be learnt each day while a long poem may take several days to learn. The trainee spends several hours by himself each day trying to remember the poems which he learnt from his master. This refreshes his memory and helps him to know what he has completely mastered and what he has forgotten.

A good part of the Ifá priest's training is, however, informal. The trainee learns a lot while sitting by his master watching how he manipulates the Ifá instruments and how he chants the Ifá poems to his clients. The trainee sometimes helps his master to prepare some medicine or to look for the materials required for sacrifice. In this way, the would-be Ifá priest gains re-inforcement in respect of the things he has already learnt and learns new poems and new medicinal formulae.

Another important part of the training of the Ifá priest consists of the learning of the sacrifices which go with each poem. Here, the trainee must learn minute details such as the names of the materials needed for sacrifice and how the materials should be prepared for sacrifice: whether they are to be burnt, deposited at the shrine of a particular divinity, thrown into the river or left at a crossroad.

As mentioned above, the would-be Ifá priest learns a little about folk medicine from his master. This is an extremely important part of the training of every Ifá priest and, as will be shown below, some

[12]

Ifá priests choose to develop this field for their post-initiation specialisation. But even before initiation, the would-be priest must learn something about medicine so that he could cure his clients of minor ailments. No Ifá priest can have a successful practice if he does not know anything about medicine since many people go to Ifá priests to seek help in curing their ailments.

When the master-priest is satisfied that his trainee has learnt enough of the various things listed above, he allows the would-be priest to present himself for initiation. Initiation forms the climax of many years of hard work and it is usually celebrated with the pomp and dignity that it deserves. The would-be priest is taken into the forest where high-ranking Ifá priests examine him on the different fields in which he has received instructions. They also caution him to adhere strictly to the ethics and secrets of his profession. He emerges from the forest as a full-fledged Ifá priest and he is known to everyone in the community as *babaláwo* (father of the secrets of divination). He can set up his own practice alone or in collaboration with his colleagues.

Initiation is not, however, the end of the training of the Ifá priest; for the education of a true *babaláwo* is a life-long process. Post-initiation training is highly regarded by all Ifá priests. This part of the Ifá priest's training involves specialisation usually in a field of medicine or in the learning of more poems in areas not covered by his previous training. This aspect of the Ifá priest's training sometimes takes him to distant places away from his home town. If, for example, the most famous Ifá priest in a field of medicine lives two hundred miles away, the post-initiation trainee must go there and spend some years with that specialist in order to learn the secrets of that branch of medicine.

Post-initiation training therefore usually takes the Ifá priest outside his home environment and in this way he learns more about other people and makes more friends in distant lands. This gives the Ifá priest a polished and refined personality which marks him out from the generality of his fellow men as a well-informed, well-travelled and highly-disciplined individual.

Through the systematic and long years of training described above, Ifá priests have succeeded in transmitting the most important ingredients of their repertoire from one generation to another without adulteration. This shows that non-literate societies can develop, preserve and transmit bodies of academic knowledge without knowing

[13]

the art of writing. Ifá priests can be said to be the traditional intellectuals of this oral system and their long years of training mark them out from the rest of society as knowledgeable, patient, dutiful and humble carriers of Yoruba tradition. The survival of the ingredients of Yoruba tradition through the many turbulent years of that culture depends to a very large extent on this hard-core of disciplined and well-informed "fathers of the secrets of Ifá divination."

(E) THE PLACE IN YORUBA TRADITIONAL RELIGION

The training of Ifá priests and the mythology of Ifá described above gives that divinity a unique position among the countless divinities in Yoruba traditional religion. Hence, he is referred to by Ifá priests as *ọbarìṣà* (the king of the divinities). This kingly position which Ifá occupies among the Yoruba divinities is the result of several factors. In the first place, Ifá is the mouth-piece of the divinities and the ancestors. It is through the Ifá divination system that human beings can communicate with the divinities and the ancestors. Without him and his system of divination, human beings would find it difficult to reach the heavenly powers and tap their resources of divine power in the hours of need.

Furthermore, Ifá represents a special branch of Yoruba religion because of its intellectual outlook and its stock of traditional academic men. In this sense, Ifá is more than a branch of Yoruba religion. Ifá is the means through which Yoruba culture informs and regenerates itself and preserves all that is considered good and memorable in that society. Ifá is Yoruba culture in its true dynamic and traditional sense. Ifá is a means whereby a non-literate society attempts to keep and disseminate its own philosophy and values despite the lapses and imperfections of human memory on which the system is based.

It is therefore not surprising that Ifá means so much to the Yoruba people. In traditional Yoruba society, the life of every man, from birth until death, is dominated and regulated by Ifá. No man takes any important step without consulting the god of wisdom. All the important rites of passage such as naming ceremonies, installation of kings and burial ceremonies have to be sanctioned and authenticated by Ifá, the voice of the divinities and the wisdom of the ancestors. This is the meaning of the following lines of poetry:

Ifá ló lòní,
Ifá ló lòla;
Ifá ló lòtunla pèlú è.
Òrúnmìlà ló nijó mérèèrin òòsá dá 'áyé.[29]

(Ifá is the master of today,
Ifá is the master of tomorrow;
Ifá is the master of the day after tomorrow;
To Ifá belongs all the four days created by the divinities
   on earth)

But Ifá is more than a Yoruba system. Traces of this fascinating
system could be found in several other cultures of West Africa,
namely among the *Edo, Igbo, Ewe, Fon, Nupe, Jukun, Borgu* and other
ethnic groups of West Africa. A detailed study of Ifá and Ifá-related
systems of divination among these cultures of West Africa is yet to be
undertaken. What we now know is that among the Yoruba Ifá has
been so closely identified with the mythology, folklore, folk-medicine,
history, religions and value system of that culture as to be almost
synonymous with it.

II. THE *ODÙ* OR CATEGORIES OF IFA DIVINATION

As mentioned above, there are 256 categories of poetry in the Ifá
literary corpus. Each of these cateiories is known as *Odù*. Each *Odù*,
as will be shown below, has its own distinct signature and character.
The job of the Ifá priest involves the recognition of the signature of
each *Odù* and the interpretation of its character from a literary,
mythological and religious stand-point.

The Yoruba believe that the *Odù* are divinities in their own right
and they, like the other divinities, descended from *òrun* into the city of
Ifè. It is also believed that the *Odù* were sent by *Olódùmarè* (the
Yoruba High God) to replace *Òrúnmìlà* on earth after the return of
the latter to *òrun*. Each *Odù* has 600 *esè* (poem) which identify it and
give it a distinct character. It is part of the training of Ifá priests to be
able to distinguish between the *esè* which belong to different *Odù*
without making the mistake of mixing them up.

The names of the 256 *Odù* are based on 16 generic names from which the names of all the *Odù* are derived. Each of these 16 basic names corresponds to one of the 16 possible patterns of divination on one arm of the divining chain or one side of the marks made on the yellow powder of divination. Since both the divining chain and the printed marks are read from right to left, like Arabic, the patterns on the right-hand side are considered basic and it is upon them that the 16 generic names are based. The following are the 16 basic patterns of the printed marks arranged in order of seniority.[30]

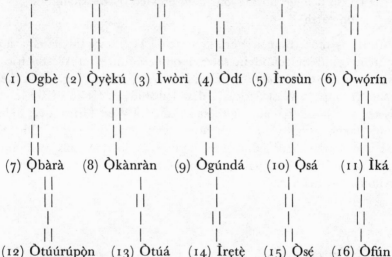

(1) Ogbè (2) Ọ̀yẹ̀kú (3) Ìwòrì (4) Òdí (5) Ìrosùn (6) Ọ̀wọ́rín

(7) Ọ̀bàrà (8) Ọ̀kànràn (9) Ògúndá (10) Ọ̀sá (11) Ìká

(12) Òtúúrúpọ̀n (13) Òtúá (14) Ìrẹ̀tẹ̀ (15) Ọ̀ṣẹ́ (16) Òfún

The 256 *Odù* derived from the 16 generic patterns are arranged in two sets. The first and most important set are the *Ojú Odù* (principal or major *Odù*). They are 16 in number and are based on a duplication of each of the 16 generic patterns above. Hence, the word *Èjì* or *Méjì* (Two) which accompanies each of their names either as a prefix or suffix. Thus we have *Èjì Ogbè* (Two *Ogbè* patterns) which is a duplication of pattern 1 above. In other words, when we see the same generic pattern both on the right and left, the signature is that of one of the *Ojú Odù* to which a name Èjì+X or X+Méjì will be ascribed. The complete list of the names of the principal 16 *Odù* in order of seniority is given below.

1. Èjì Ogbè	2. Ọ̀yèkú Méjì
3. Ìwòrì Méjì	4. Òdí Méjì
5. Ìrosùn Méjì	6. Ọ̀wọ́nrín Méjì
7. Ọ̀bàrà Méjì	8. Ọ̀kànràn Méjì
9. Ògúndá Méjì	10. Ọ̀sá Méjì
11. Ìká Méjì	12. Òtúúrúpọ̀n Méjì

[16]

13. Òtúá Méjì	14. Ìrẹtẹ̀ Méjì
15. Ọsẹ́ Méjì	16. Òfún Méjì

*Where X=the name of any of the patterns in 1–16 above.

The second set of the *Odù* patterns are referred to as *Ọmọ Odù* (children of the *Odù* or junior *Odù*) or *Àmúlù* (mixed patterns). These are based on the arrangement of any two of the 16 generic patterns side by side. Thus, if we take pattern 1 as the starting point on the right and put each of the other 15 patterns by its side on the left, we would have the signature of 15 separate junior *Odù*. Similarly, if we take pattern 2 as the starting point and arrange each of the other 15 patterns (including pattern 1) on its left-hand side, this will yield for us the signature of 15 other junior *Odù*. If we do this with each of the 16 generic patterns in such a way that no pattern appears more than once on the right-hand side, we will arrive at a total of 240 junior *Odù*.

As in the case of the principal 16 *Odù*, there is a strict order of seniority among the junior *Odù*. The names of the first 30 most senior *Ọmọ Odù* are given below in their order of seniority.

1. Ogbèyẹ̀kú	2. Ọ̀yẹ̀kúlogbe	3. Ogbèwẹ̀yìn
4. Ìwòrìbogbè	5. Ogbèdí	6. Ìdingbè
7. Ogbèrosùn	8. Ìrosùngbèmí	9. Ogbehúnlé
10. Ọwọ́nrínsogbè	11. Ogbèbàrà	12. Ọ̀bàràbogbè
13. Ogbèkànràn	14. Ọ̀kànrànsodè	15. Ogbèyọ́nú
16. Ògúndábèdé	17. Ogbèríkúsá	18. Òsálogbè
19. Ogbèkárelé	20. Ìkágbèmí	21. Ogbètọ́mọpọ̀n
22. Òtúúrúpọngbè	23. Ogbèalárá	24. Òtúáoríkò̀
25. Ogbèatẹ̀	26. Ìrẹ̀ńtẹgbè	27. Ogbèsẹ́
28. Ọsẹ́ogbè	29. Ogbèfún	30. Òfúnnagbè

Each of the 256 *Odù* has a distinct character associated with it. For example, *Èjì Ogbè*, the first and most important *Odù*, is believed to signify good luck while *Ìrẹtẹ̀ Méjì*, the fourteenth *Odù*, signifies death. The thirteenth *Odù*, *Òtúá Méjì*, on the other hand, tells mainly the history of Islam and the introduction of that religion into Yorubaland.[31] Most of the poems in each *Odù* contain stories related to the character or theme of the *Odù* concerned. Thus, there are 256 major characters in the Ifá literary corpus. But there are some poems in each *Odù* which may have nothing to do with the major theme of the *Odù* concerned. Thus, in *Èjì Ogbè*, not all poems will contain the theme of good luck, and in *Òtúá Méjì*, not all poems will relate stories about Islam.

Each of the 256 *Odù* is believed to bear some relationship with one of the divinities. The *Odù* which relates to a particular divinity is said to be "owned" by or to "belong" to that divinity. What this actually means is that the myths of that divinity are contained in its *Odù* so that many poems in the *Odù* concerned will relate stories about that divinity. Furthermore, when the signature of an *Odù* which belongs to a particular divinity is seen, the client will be told to offer sacrifices to that divinity. Thus, when the signature of *Ògúndá Méjì*, the ninth *Odù* who is believed to be "owned" by *Ògún* (the war and hunting divinity), is found, the client must offer certain sacrifices to *Ògún*. The belief of the Ifá priest and his client is that *Ògún* will aid the client to solve his problem provided the client performs the pre-scribed sacrifices.

One can therefore say that the *Odù* help to give meaning and clarity to the thousands of poems (256 × 600) believed to be in the Ifá literary corpus. Without the *Odù*, it would be difficult to cate-gorise the important themes found in these numerous poems. Furthermore, by linking each *Odù* with a particular divinity, the whole corpus is brought much closer to the Yoruba religious and belief system in such a way that every divinity in the elaborate pantheon of Yoruba mythology can then "talk" to the client through the *Odù* which "belongs" to him. This then carves a place for each divinity in the Ifá literary corpus thereby making Ifá the true voice of the divinities.

III. THE ESE OR POEMS OF IFA LITERARY CORPUS

(A) THE STRUCTURE OF *Ęsę Ifá*[32]

As already mentioned, each *Odù* contains many poems known to the Yoruba as *ęsę*. Some of these poems are long while others are very short. But whether long or short, there is a definite order of sequence in the arrangement of the elements of each Ifá poem. This sequential arrangement of elements is what I have termed structure.

Each Ifá poem has a maximum of eight and a minimum of four structural parts. The poems which have four parts are usually very short and stereotyped. They are referred to by Ifá priests as "*Ifá kéékèèkéé*" (small poems of Ifá). They are, in actual fact, shortened forms of longer poems. Most of the poems found in the Ifá literary corpus, however, usually have more than four structural parts. Among this large group of poems which have more than four parts, there are some in which parts iv–vi have been unusually elongated. This type of ẹsẹ Ifá is known as *Ifá Ńláálá*[33] (long poems of Ifá).

Every ẹsẹ *Ifá* begins with a presentation of the names of the Ifá priest(s) who are believed to have performed in the past the divination which forms the subject-matter of the poem. These names are usually nick-names or praise-names of the Ifá priests concerned. This first part (i) of the structure of ẹsẹ *Ifá* is highly regarded by the Ifá priests since without the invocation of the names of these past authorities, the Ifá poem is devoid of its mythical importance. This section of ẹsẹ *Ifá* therefore gives authenticity to each poem as a "true" account of what actually happened in the past.

The names mentioned in part (i) may not, however, be the names of human beings. They may be the names of animals or plants which are, for the purposes of the story in the Ifá poem concerned, personified so as to be able to narrate a coherent story which will fit into the overall structure of ẹsẹ *Ifá*. Thus, when Ifá priests refer to the names found in this part of ẹsẹ *Ifá* as names of past Ifá priests, we may regard their claim as true in the spiritual or symbolic sense only.

Part (ii) of the structure of ẹsẹ *Ifá* mentions the name(s) of the client(s) for whom the diviners in (i) above performed divination. The client mentioned here may be a human being or a whole community. Like in part (i) above, these names of clients may be names of actual (historical) or mythical persons or places. But since the Ifá priest believes these personal or place names to be true names, this portion of the Ifá poem strengthens the authenticity claimed by the Ifá priest for his repertoire.

The third part (iii) of ẹsẹ *Ifá* mentions the reason or occasion for the past divination in question. This portion of the repertoire of Ifá priests deals with the motive of the past divination and enhances the mythical value of the Ifá poem.

The fourth part (iv) of ẹsẹ *Ifá* tells us what the client in the past divination was asked to do. This section usually includes such details as the sacrifices, taboos and any other advice which the client was asked to observe. Furthermore, the things listed for the client to use for the prescribed sacrifice may also be named. This section of the Ifá poem refreshes the memory of the Ifá priest as to what sacrifices he should ask his client to perform and what advice he should give.

[19]

Furthermore, this part justifies the Ifá priest when he later lists for his client the sacrifices that he has to perform, and the realisation by the client that these items have been offered for sacrifice by other people makes him believe in the efficacy of the sacrifice.

Part (v) deals with whether or not the client complied with the advice given to him in (iv) above. For example, did the client offer the prescribed sacrifice? To what extent did he observe the advice given to him by the Ifá priest. It is necessary to spell out these details here in order to justify the result of the divination in (vi) below.

Part (vi) tells us the result of the past divination. For example, if the client performed sacrifice and did all the other things he was told to do, what then happened to him? Did he achieve his purpose as stated in (iii) above? What usually happens is that if the Ifá priest performed sacrifice and observed all the other do's and don'ts, this section of the poem will state that he achieved his original goal; but if he failed to perform sacrifice, he will fail to achieve what he originally set out to achieve. This portion of *ẹsẹ Ifá* therefore provides a concrete example to people as to what the consequences of neglect of sacrifice usually are and what rewards await the faithful ones who performed sacrifice.

Part (vii) gives us the reaction of the Ifá priest to the outcome of the divination. Thus, if the result of the divination in (vi) is favourable to the client, he will react with joy but if the result is unfavourable, his reaction would be one of regret. This part of the structure of the Ifá poem is important because it provides us with the client's evaluation of his own action and strengthens our belief in the need of the individual to perform sacrifice.

Part (viii) is usually presented in the form of a conclusion to the whole story. This section of the Ifá poem may stress the theme of the story or mention the importance of sacrifice. In a way, this portion is the Ifá priest's evaluation of what he considers important or memorable in the whole story. Hence, part (viii) is usually presented in didactic terms.

What has emerged so far is that *ẹsẹ Ifá* is a type of "historical" poetry.[34] Every poem of Ifá is an attempt to narrate, through the peculiar structure of Ifá divination poetry, things which the Ifá priest has been taught to believe actually happened in the past. By narrating these stories of the past, the Ifá priest believes that his client can then pick situations similar to his own and advise himself of the best thing to do in the light of the precedent which has been cited for him. Ifá divination poetry is regarded as a record of the activities of the divinities and the ancestors on earth. In a culture whose political and social structure is based on divine kingship and the wisdom of the elders, such activities of the past are highly valued and regarded by all.

All the parts of ẹsẹ Ifá described above could be chanted or recited by the Ifá priest during the process of divination. Part eight (viii) is almost invariably presented in chanted form. This part could be chanted even by the client and the trainees of the master-priest present during the process of divination.

While chanting or reciting any Ifá poem, the Ifá priest tries to keep as close as possible to the original form of parts (i–iii) and part (viii) as given to him by his own teacher. He is not allowed to add his own words or to subtract anything from this part of his repertoire. He is, however, at liberty to use his own language while rendering parts (iv–vii) as long as he keeps in mind the main plot and the characters of the whole story and keeps to its original theme. Thus, while the Ifá priest is not allowed to innovate in certain parts of his repertoire, he is allowed some measure of creativity in others.

The short poems of Ifá (*Ifá kéékèèkéé*) mentioned above usually have four parts, namely (i), (ii), (iii) and (viii). All other ẹsẹ Ifá make use of all or some of the eight structural parts listed above. But nearly all Ifá poems will contain parts (i–iii) as well as part (viii). Thus, in the frame-work of Ifá divination poetry, we can say that parts (i–iii) and (viii) are obligatory while parts (iv–vii) are optional.

The following ẹsẹ Ifá is presented in order to show an example of the eight-part structure of Ifá divination poetry as analysed above.

Part (i)   Gbóṅkólóyo;
Part (ii)   A díá fún ọdẹ
Part (iii)   Tí ńregbó 'je,
              Èlùjù 'je.
Part (iv)   Wọ́n ní kó rúbọ àlọ,
              Kó rúbọ àbọ̀.
              Wọ́n ní pípọ̀ ni iṣẹ́gun fún un.
Part (v)   Ó sì rúbọ
Part (vi)   Ìgbà tó rúbọ tan.
              Ó ṣẹ́gun sí ọ̀tún,
              Ó ṣẹ́gun sí òsì.
              Ó kó ẹrú,
              Ó sì kó ẹrù.

Part (vii)   Ó ní bẹ́ẹ̀ gẹ́gẹ́
             Ni àwọn awo òún ńṣẹnu rereé pe 'Fá.
Part (viii)   Ẹ ṣe ọdẹ ní hiin,
             Hàà hiin.
             Ọdẹ hiin,
             Hàà hiin o.[35]
Part (i)   The Ifá priest named *Gbóǹkólóyo*
Part (ii)   Performed Ifá divination for the Hunter
Part (iii)   Who was going to hunt inside seven forests
             And seven wildernesses.
Part (iv)   He was told to perform sacrifice for safety to
             And from the expedition.
Part (v)   And he performed sacrifice.
Part (vi)   After he had performed sacrifice,
             He conquered his enemies on the right,
             He defeated his enemies on the left.
             He captured slaves,
             And gathered a lot of booty.
Part (vii)   He said that was exactly
             How his Ifá priest employed his good voice in praise
               of Ifá.
Part (viii)   Welcome the hunter with acclamation.
             Welcome the hunter with praise.
             Hunter, we salute you.
             We welcome you with approval.

(B) ASPECTS OF STYLE IN *Ẹsẹ Ifá*

Ẹsẹ Ifá is very rich in language and stylistic features. A detailed
account of all the features of style and language in this rich poetic
genre cannot be attempted here for reasons of space limitation. It
will suffice, here, to mention some of the most important poetic
devices and discuss one of them.

Some of the most characteristic features of style found in *ẹsẹ Ifá* are
repetition, word-play, personification, lexical-matching, metaphor,
parallelism and onomatopaea. A detailed account of the modes of
occurrence of these stylistic features has been attempted elsewhere.[36]
It is the view of the present investigator that repetition is the most
important stylistic feature found in Ifá divination poetry. A detailed
account of that stylistic feature now follows.

[22]

There are five types of repetition found in Ifá divination poetry, namely, (i) structural repetition, (ii) thematic repetition, (iii) linear repetition, (iv) lexical and syllabic repetition, (v) alliteration and assonance. As will be evident from the following pages, several of these forms of repetition often occur together. However, in order to achieve clarity, each of the five types listed above will now be treated separately.

(i) Structural Repetition

One of the commonest instances of the occurrence of repetition in Ifá divination poetry is the repetition of parts of the structure of ẹsẹ Ifá. As stated above, ẹsẹ Ifá has an eight-part structure. Structural repetition comes into the repertoire of the Ifá priest after he has delivered the seventh part of his material. Structural repetition often involves parts (i), (ii), (iii) and sometimes any or all of (iv), (v) and (vi) before the Ifá priest finally chants part (viii). Thus, structural repetition involves the re-statement of some or all of the first six parts of ẹsẹ Ifá in between the last two parts (i.e. vii and viii).

Whenever structural repetition occurs in ẹsẹ Ifá only parts (i)–(iii) are constant; parts (iv)–(vi) may or may not be included at all. Furthermore. when parts (iv)–(vi) are included, the grammatical structure of the sentences involved may be changed to suit the purposes of achieving a good chanting voice. Therefore, the Ifá priest may or not repeat parts (iv)–(vi) word for word. This is not surprising since, as we stated earlier, parts (iv)–(vi) form the dynamic portion of the structure of ẹsẹ Ifá where the Ifá priest is allowed to use his own language. Thus, in the example below, line 7 is dropped from the material when the Ifá priest is repeating his material.

The following example shows the repetition of parts (i)–(vi) in one ẹsẹ Ifá.

Part (i)	Oníkẹ́kẹ́ logún,
	Alábàjà lọgbọ̀n,
	Oníkolo làádọ́ta.
Part (ii)	A díá fún Ọdúnṁbákú
	Tíí ṣọmọ bíbí inú Àgbọnnìrègún.
Part (iii)	Wọ́n ní ó rúbọ nítorí ikú.
& (iv)	Wọ́n ní ọ́ fadìẹ ìrànà kan rúbọ.
Part (v)	Ó ṣe é,
Part (vi)	Ikú ọ̀ pa á.

Part (vii)   Ijó ní ńjó,
               Ayò ní ńyò.
               Ó ńyin àwọn awoo rè,
               Àwọn awoo rè ńyin 'Fá.
               Ó ya ẹnu kótó,
               Orin awo ló bó sí i lẹ́nu.
               Ẹsẹ̀ tí ọ́ nà,
               Ijó fà á.

               .   .   .   .

Part (i)   Ó ní oníkẹ́kẹ́ logún,
               Alábàjà lọgbọ̀n,
               Oníkolo làádọ́ta.
Part (ii)   A díá fún Ọdúnṁbákú
               Tíí ṣọmọ bíbí inú Àgbọnnìrègún.
Part (iii)   Wọ́n ní ó rúbọ nítorí ikú.
& (iv)
Part (v)   Ó ṣe é,
Part (vi)   Ikú ọ̀ pa á.

               .   .   .   .

Part (viii)   Ọdún ṁbá kú,
               Ejiẹ́ ti gbádìẹ̀ẹ̀ mi lọ.
               Adìẹ̀ẹ̀ mi,
               Adìẹ̀ẹ̀ 'rànà,
               Tí mo fíí lẹ̀,
               Lejiẹ́ gbé lọ.³⁷
Part (i)   There were twenty people with *kẹ́kẹ́* facial marks.³⁸
               There were thirty people with *àbàjà* facial marks.
               There were fifty people with *kolo* facial marks.
Part (ii)   Ifá divination was performed for *Ọdúnṁbákú*³⁹
               Who was the son of *Àgbọnnìrègún.*
Part (iii)   He was told to perform sacrifice to prevent imminent
& (iv)   death.
               He was told to offer sacrifice with *ìrànà* hen.⁴⁰
Part (v)   He did as he was told
Part (vi)   And he did not die.
Part (vii)   He was dancing,
               He was rejoicing
               He praised his Ifá priests
               While his Ifá priest praised Ifá
               As he opened his mouth a little,

[24]

The song of Ifá entered therein.
As he stretched his legs,
Dance pulled them.

— — — — — — —

Part (i)   There were twenty people with *kɛ́kɛ́* facial marks.
There were thirty people with *àbàjà* facial marks.
There were fifty people with *kolo* facial marks.

Part (ii)   Ifá divination was performed for *Ọdúnṁbákú*
Who was the son of *Àgbọnnìrègún*.

Part (iii)   He was told to perform sacrifice to prevent imminent
& (iv)   death.

Part (v)   He did as he was told

Part (vi)   And he did not die.

— — — — — — —

Part (viii)   The year I would have died,
Death took away my hen.
My own hen.
My *ìrànà* hen,
Which I offered for sacrifice,
Was taken away by death.

(ii) Thematic Repetition

Thematic repetition involves the constant repetition of the subject-matter of an Ifá poem in several places within the same poem for purposes of emphasis. This type of repetition features prominently in *Ifá Ńláńlá* (long poems of Ifá) which is usually long and disjointed both in theme and manner of presentation. The value of thematic repetition in this type of poetry therefore is to identify for us by constant re-statement the point which appears to the Ifá priest to be most important in his material so that we are left in no doubt of his message.

Thematic repetition usually occurs within parts (iv)–(vi) of the structure of *ẹsẹ Ifá*. As already mentioned, these are the creative and dynamic parts of Ifá divination poetry.

(iii) Linear Repetition

Linear repetition is by far the most important type of repetition found in Ifá divination poetry. Two types of linear repetition can be identified in *ẹsẹ Ifá*, namely, complete and partial.

Complete linear repetition involves the repetition of one or more lines of *ẹsẹ Ifá*. This type of repetition is used both for emphasis and to satisfy what the present investigator has described elsewhere[41] as "the myth-making factor" in Ifá divination poetry. As the Ifá priest learns *ẹsẹ Ifá*, during his long years of training, he also learns at the same time which part of his repertoire should be repeated two, three, four or more times. Whenever he comes across any such material, it is obligatory for him to repeat the line(s) involved in the manner specified by the tenets of his belief.

We therefore find that complete linear repetition often involves the repetition of one or more lines for any number of times ranging from two to sixteen. The repeated lines may follow one another directly in the text or they may be interspersed with other lines. Hence, the line(s) involved may be repeated every third, fourth, fifth or sixth line.

The following example shows the repetition of a group of lines fifteen times. Altogether, this involves forty-five lines of poetry which forms more than half of the total number of lines in this *ẹsẹ Ifá*.

> "Nígbà èkíní,
> Mo wọlé Ónikàámògún.
> Èmi ò bá Oníkàámògún ńlé.
> Nígbà èkejì,
> Mo wọlé Oníkàámògún.
> Èmi ò bá Oníkàámògún ńlé.
> Nígbà èkẹta,
> Mo wọlé Oníkàámògún.
> Èmi ò bá Onílàámògún ńlé.
> Nígbà èkẹrin,
> Mo wọlé Oníkàámògún.
> Èmi ò bá Oníkàámògún ńlé.
> Nígbà èkaàrún,
> Mo wọlé Oníkàámògún.
> Èmi ò bá Oníkàámògún ńlé.
> Nígbà èkẹfà,
> Mo wọlé Oníkàámògún.
> Èmi ò bá Oníkàámògún ńlé.
> Nígbà èkeje,
> Mo wọlé Oníkàámògún.
> Èmi ò bá Oníkàámógún ńlé.
> Nígbà èkẹjọ,
> Mo wọlé Oníkàámògùn.

[26]

Èmi ò bá Oníkàámògún ńlé.
Nígbà ẹ̀kẹsàán,
Mo wọlé Oníkàámògún.
Èmi ò bá Oníkàámògún ńlé.
Nígbà ẹ̀kẹwàá,
Mo wọlé Oníkàámògún.
Èmi ò bá Oníkàámògún ńlé.
Nígbà ẹ̀kọkànlá,
Mo wọlé Oníkàámògún.
Èni ò bá Oníkàámògún ńlé.
Nígbà èkejílá,
Mo wọlé Oníkàámògùn.
Èmi ò bá Oníkàámògún ńlé.
Nígbà ẹ̀kẹtàlá,
Mo wọlé Oníkàámògún.
Èmi ò bá Oníkàámògún ńlé.
Nígbà ẹkẹrínlá,
Mo wọlé Oníkàámògún.
Èmi ò bá Oníkàámògún ńlé.
Nígbà ẹ̀kẹẹ̀ẹ́dógún,
Mo wọlé Oníkàámògún,
Èmi ò bá Oníkàámògún ńlé.
Ó wáá kù dẹ̀dẹ̀
Kí nwọ káà kẹrìndínlógún.
Mo wáá bá Oníkàámògún.
Ó káwọ́ Ifá,
Ó fi lérí.
Ó faṣọ àká bora. . . ."[42]

On the first occasion,
I went to the house of *Oníkàámògún*.[43]
I did not meet *Oníkàámògún* at home.
On the second occasion,
I went to the house of *Oníkàámògún*.
I did not meet *Oníkàámògún* at home.
On the third occasion,
I went to the house of *Oníkàámògún*.
I did not meet *Onìkàámògún* at home.
On the fourth occasion,
I went to the house of *Oníkàámògún*.

I did not meet *Oníkàámògún* at home.
On the fifth occasion,
I went to the house of *Oníkàámògún*
I did not meet *Oníkàámògún* at home.
On the sixth occasion,
I went to the house of *Oníkàámògún.*
I did not meet *Oníkàámògún* at home.
On the seventh occasion,
I went to the house of *Oníkàámògún.*
I did not meet *Oníkàámògún* at home.
On the eighth occasion,
I went to the house of *Oníkàámògún.*
I did not meet *Oníkàámògún* at home.
On the ninth occasion,
I went to the house of *Oníkàámògún.*
I did not meet *Oníkàámògún* at home.
On the tenth occasion,
I went to the house of *Oníkàámògún.*
I did not meet *Oníkàámògún* at home.
On the eleventh occasion,
I went to the house of *Oníkàámògún.*
I did not meet *Oníkàámògún* at home.
On the twelfth occasion,
I went to the house of *Oníkàámògún.*
I did not meet *Oníkàámògún* at home.
On the thirteenth occasion,
I went to the house of *Oníkàámògún.*
I did not meet *Oníkàámògún* at home.
On the fourteenth occasion,
I went to the house of *Oníkàámògún.*
I did not meet *Oníkàámògún* at home.
On the fifteenth occasion,
I went to the house of *Oníkàámògún.*
I did not meet *Oníkàámògún* at home.
But just as I was going
To enter the sixteenth palace apartment,
I met *Oníkàámògún.*
He placed a handful of divination instruments
On his own head.
He covered himself with *àká* cloth[44]

Incomplete linear repetition features the repetition of part of one or more lines for emphasis. Repetition may occur at the beginning, in the middle, or at the end of the line(s) concerned. Furthermore, the repeated line(s) may be interspersed with other lines so that we have incomplete repetition in every alternative, fourth, fifth or sixth line.

In the following example, the words *ó ní* in line 1 are repeated in line 4, while the items *la jọ ńṣ* could be found in lines 1, 4 and 7. The first two words in the second line, *Tẹ̀tẹ̀ mọ́ọ*, are repeated in lines 3, 5, 6, 8 and 9.

> Ó *ní* àwa agba *la jọ ńṣ*egbo.
> *Tẹ̀tẹ̀, mọ́ọ* rìn,
> *Tẹ̀tẹ̀, mọ́ọ* yan.
> Ó ní àwa ìjòkùn *la jọ ńṣọ*dan.
> *Tẹ̀tẹ̀, mọ́ọ* rìn,
> *Tẹ̀tẹ̀, mọ́ọ* yan.
> Àwaa keekéè *la jọ ńṣ*Ọyọ́ Àjàká.
> *Tẹ̀tẹ̀, mọ́ọ* rìn,
> *Tẹ̀tẹ̀, mọ́ọ* yan . . .[45]

> *He said that* he and agba lived in the forest.
> *Tẹ̀tẹ̀, walk about* freely.
> *Tẹ̀tẹ̀, walk about* in peace.
> *He said that* he and ìjòkùn lived in the grassland.
> *Tẹ̀tẹ̀, walk about* freely,
> *Tẹ̀tẹ̀, walk about* in peace.
> He and keekéè *lived* at Ọyọ́ Àjàká.
> *Tẹ̀tẹ̀, walk about* freely,
> *Tẹ̀tẹ̀, walk about* in peace.

(iv) Lexical and Syllabic Repetition

Lexical repetition in *ẹsẹ Ifá* involves the repetition of single words while syllabic repetition involves single syllables. These forms of repetition may be used for emphasis, to embellish the rhythm of the poetry, or to achieve word play. Both forms of repetition sometimes occur together.

The following example shows lexical and syllabic repetition in the items underlined.

> *Ká* fẹfun *tọ́lé* ajé,
> *Ká* fosùn *tọ́lé* ìlẹ̀kẹ̀.

Àkódá orí kìí gbálè òjà gbé sí.
A díá fÉjì Òbàrà
Níjó tí wọn ńlọ lèé ṣèbọ suru suru
Nílé Olófin.
Èjì Òbàrá *ká orí,*
Ó tè é móyè.
Ó ní òún le ríre
Nílé Olófin báyìí?[46]

Let us paint the house of money with chalk,
Let us paint the house of beads with camwood ointment.
The first *orí* to be created does not stay in the deep part of the
   market without good luck.
Ifá divination was performed for *Èjì òbàrà*.
On the day they were going to offer plenty of sacrifise
In the household of *Olófin.*
Èjì Òbàrà placed Ifá divination instruments on the head.
And printed Ifá marks on the powder of divination.
He asked whether he could become prosperous
In the household of *Olófin.*

The word *ká* in the first line of the Yoruba text above is repeated
in lines 2 and 7 while the word *tólé* occurs in lines 1 and 2. The word
orí in line 3 is repeated in line 7. The third person singular *ó* in line 8
occurs in identical position in line 9. The syllable *lè* in ìlèkè (line 2)
is repeated in gbálè (line 3). The syllable *lọ* in ńlọ in line 5 occurs
also in Olófin. Lines 5 and 6 feature the syllable *ní* in nílé and níjó.

(v) Alliteration and Assonance
Some of the types of repetition discussed above often involve repeti-
tion of consonants and vowels. Alliteration and assonance can, how-
ever, occur in positions where the other forms of repetition discussed
above are absent. These two forms of repetition enrich the rhythm of
the part of *ẹsẹ Ifá* where they occur. Furthermore, the repeated con-
sonants and vowels give prominence to the sullables and words of
which they form a part and may therefore serve to emphasise such
lexical items.

   In the example given under lexical and syllabic repetition above,
the labio-dental voiceless fricative (f) occurs twice in the same word
fẹfun (line 1) and once in the word *fosùn* (line 2). The same con-
sonant can be found in the personal name Olófin (line 6) and in

*f*Éjì (line 4). In line 3, the voiced labio-velar consonant (gb) occurs in *gbálè* and *gbe* (line 3).

The following example shows the use of assonance in *es̩e̩ Ifá*

Ìji kìí jà,
Kó gbódó.
Ìji kìí jà,
Kó̩ gbó̩ló̩ . . .[47]

The whirlwind does not blow
And carry away the mortar.
The whirlwind does not blow
And carry away the grinding stone.

In the example above, there is a deliberate concentration of (i) sounds in lines 1 and 3, (ó) sounds in line 2, and (o̩) (which can be transcribed phonetically as [ɔ]) sounds in line 4.

(c) THE CONTENT OF *E̩s̩e̩ Ifá*

As we have already mentioned, *es̩e̩ Ifá* is an attempt by a non-literate people to develop, preserve and disseminate the ingredients of their own culture. The Yoruba regard *es̩e̩ Ifá* as the store-house of their culture. They believe that *es̩e̩ Ifá* contains the accumulated wisdom of their ancestors throughout history. *E̩s̩e̩ Ifá* therefore contains everything that is considered memorable in Yoruba culture throughout the ages.

We are therefore not surprised that the content of *es̩e̩ Ifá* covers the whole range of Yoruba culture. In the following pages, we will identify and discuss some of the most important themes found in Ifá divination poetry.

The Yoruba regard *es̩e̩ Ifá* as a body of historical poems in which the "true" facts of Yoruba culture are preserved. An evaluation of *es̩e̩ Ifá* as sources for historical evidence has been attempted elsewhere[48] by the present investigator who states that Ifá divination poems contain important allusions to facts of Yoruba history. The historian must, however, find corroboration for these facts elsewhere in Yoruba oral history or by comparing different versions of the same story collected from several diviners. *E̩s̩e̩ Ifá* is especially important as a source of information on Yoruba cultural history which is often neglected by the Western-trained historian who is more concerned with political and economic history.

[31]

Ẹṣẹ Ifá is our main source of information about Yoruba mythology. As we have already mentioned, there are certain Odù whose ẹṣẹ contain the myths of some Yoruba divinities. For example, Ọ̀kànràn Méjì contains the myths of Ṣàngó, while Ògúndá Méjì contains the myths of Ògún. These Odù tell us about the life of these divinities when they were here on earth, their relationship with the other divinities and their importance to Yoruba traditional culture. The divinities are depicted in ẹṣẹ Ifá as benevolent powers who are always ready to help man solve his problems. The divinities stand for order, authority, discipline and the perpetuity of the values of Yoruba culture. They are, however, sometimes angry with man when he goes against the rules of the divinely-sanctioned moral values. But generally, Ifá divination poetry presents us with a body of myths which depict Yoruba divinities as friends of man.

Ifá divination poems also tell us about conflict between the divinities and the *ajogun*, a collective name used to describe the malevolent powers. Among these powers are *Ikú* (Death), *Àrùn* (Disease), *Òfò* (Loss), *Èpè* (Curse), *Ègbà* (Paralysis), *Ọ̀ràn* (Trouble), *Èwọ̀n* (Imprisonment) and *Èṣe* (Affliction). These eight things which human beings dread are personified in ẹṣẹ Ifá as supernatural powers whose main function is to negate the desire of the divinities and the ancestors to enrich human life. Since the plan of the *ajogun* over human beings is to see their complete ruination, the former are always in conflict with the divinities whose function is to protect human beings. Many Ifá poems deal with the inevitable conflict between these two groups of supernatural powers over the interests of human beings.

Another important aspect of the conflict between the "evil" and the "good" supernatural powers is the struggle between the divinities and the *àjẹ́* (the witches). The *àjẹ́*, who are also known in ẹṣẹ Ifá as *ẹlẹyẹ* or *eníyán*, are on the side of the *ajogun* in this eternal conflict. One ẹṣẹ Ifá mentions that it was *Olódùmarè* himself who gave to the *àjẹ́* their evil powers. Therefore, against the evil machinations of the *àjẹ́* human beings have little protection even from the divinities who themselves are sometimes molested by the witches.

When a person is therefore troubled by the *àjẹ́*, he is encouraged to call on his own *orí* (personal divinity who determines human fate). Each individual has his own *orí* (*orí* literally means "head") which he chose for himself shortly before he left *ọ̀run* (heaven) for the earth. Those people who chose good *orí* will, if they work hard and perform

[32]

the sacrifices stipulated for them, become successful and will not be subdued by the *ajogun* and the *àjẹ́*. But those who selected bad *orí* for themselves in *ọ̀run* are doomed to failure in life except they can perform sufficient sacrifices and work very hard. The content of many *ẹsẹ Ifá* deals with this interesting concept of predestination which forms an important aspect of the Yoruba belief system.

Ẹsẹ Ifá also contains Yoruba belief concerning *ẹbọ* (sacrifice). Almost every *ẹsẹ Ifá* contains in part (iv) of its structure, exhortations to the clients to perform sacrifice. It is compulsory for every individual to perform sacrifice no matter whether the *orí* he chose in heaven is good or bad. The divinities will not support anyone who refuses to offer sacrifice since this is their only reward for their ceaseless watch over human life. As for those people who selected bad *orí*, sacrifice is particularly important since it is the only element which can repair their ill-fated choice. Thus, sacrifice is presented in *ẹsẹ Ifá* as the means whereby a man makes his peace with the divinities and improves upon the defects inherent in his own life.

Furthermore, in *ẹsẹ Ifá*, sacrifice is depicted as a means whereby a man uses material things in exchange for his own life. Thus, we see in many *ẹsẹ Ifá* that when certain material things are offered to the *ajogun* in form of sacrifice, they would take those things and leave the supplicant untouched. Sacrifice is therefore a means whereby man can influence the supernatural powers so that the "good" powers may co-operate with him and the "evil" powers will leave him alone in the execution of his plans on earth.

Another important aspect of the content of *ẹsẹ Ifá* is the concept of *ìwà* (character). The Yoruba believe that it is not enough to have a good *orí* and offer sacrifice. In addition to these two concepts which deal with the relationship of man with the divinities, a man must also struggle to improve his relations with his fellow men. In order to do this, he must improve his *ìwà* from day to day. Furthermore, the Yoruba believe that whatever may be the achievement of any man on earth, if he does not have good *ìwà* to go along with it, that person has actually achieved nothing. Many Ifá poems therefore mention the importance of *ìwà* to human life. Indeed, Ifá divination poetry states that a person who does not have good *ìwà* while on earth, will be punished in *ọ̀run* after his death. The offering of sacrifice does not absolve one from the obligation of showing good *ìwà* to one's fellow men because it is the wish of *Olódùmarè* and the ancestors that human beings should uphold the moral values of the society.

[33]

This is the reason why the Yoruba say: "Ìwà lẹ̀sìn." (Good character is the essence of religion.)

But just as the Yoruba value *iwà* as a desirable attribute which endows man's life with dignity and nobility, they also value money as an instrument with which one can endow oneself with the good things of life. For the Yoruba, three things are the most important accomplishments of life, *owó* or *ajé* (money), *ọmọ* (child or children) and *àìkú* or *àlàáfíà* (long life or good health). These three things are the most important *ire* (good things of life). The possession of *owó* helps a good person to be kind and benevolent to his fellow men just as the lack of it devoids a good person of his usual warmth. Hence the saying:

> Bówó bá tán lọ́wọ́ oníwà,
> A dòsónú
> (When money finishes in the hands of a good person,
> He becomes unsociable).

Many poems of Ifá mention the importance of *owó* as one of the most important *ire* which every person desires for himself in life.

Ọmọ (child or children) is also very highly rated in *ẹsẹ Ifá* as an important *ire*. Indeed it is rated above *owó* as an achievement in life. To the Yoruba, a life or a marriage without *ọmọ* is an unsuccessful one. Since Yoruba traditional society was an agricultural one, children formed an important labour force to anybody who possessed them to increase his productivity. Furthermore, in a society where old-age pension and social security are unknown, children are a man's insurance against old-age and infirmity. Money is not an adequate substitute for the care and love which one's own children can bestow on one in old age. Indeed, the Yoruba still regard a life blessed with money but devoid of children as a waste. The divinities themselves stand for fertility. Thus *Ọ̀ṣun* and *Ọ̀ge* are primarily concerned with the unpleasant condition of barren women who are encouraged to worship these divinities in the hope that they will have children.

Of the three things which constitute *ire* mentioned above, *àìkú* (long life endowed with good health) is regarded as the most important. If a man has money and children and he dies young or lives in ill-health, the Yoruba believe that he has not lived an ideal life. But if a man lacks money and children and he has good health and long life, perhaps he may still be able to regain those things which he

[34]

originally lacked. Thus *àìkú* is regarded as the most important attribute of life:

Ire àíkú parí ìwà
(The blessing of long life is the greatest achievement of life.)

Another reason why the Yoruba value *àìkú* above all the other *ire* is that in their hierarchical system of authority here on earth, old age is a qualification for holding important offices such as the position of *baálé* (household head). A man who dies young misses an opportunity to hold such an important position. Furthermore, if he dies very young, he cannot become an ancestor and, for this reason, he will not be buried in the ancestral home.

The divinities themselves value *àìkú* as an important achievement of life and they will endow those people who lead good and moral lives with that *ire*. *Odùduwà*, the great ancestor of the Yoruba was himself very old in life before he died. Ifá divination poetry refers to him as

Ọlọ́fin orí ogbó
Ọlọ́fin kaakaa wòó . . .
Ọlọ́fin tí wọn lá wọn ó fi lédù oyè,
Tó gbó gbóó gbó,
Tó sì dọta mọ́ wọn lọ́wọ́.[49]

(*Ọlọ́fin* who was destined to live long.
Ọlọ́fin the rugged one . . .
Ọlọ́fin whom they planned to install as a king
Who was very very old
To the extent that he looked like a piece of rock.)

But the content of *ẹsẹ Ifá* does not deal only with history, mythology and belief. An important theme running through many *ẹsẹ Ifá* deals with the Yoruba view of the world around them. Thus, we have meticulous observations in *ẹsẹ Ifá* about objects and creatures of nature which are to be found in the Yoruba country. Many Ifá poems tell stories about hills, rivers, forests, wild and domesticated animals, birds, insects and plants. The characteristics of these objects are meticulously recorded for us in *ẹsẹ Ifá* in such a way that one marvels at the high sense of appreciation of nature which existed in traditional Yoruba society.

Furthermore, each object or creature mentioned in *ẹsẹ Ifá* is personified in order to allow the Ifá priest to deal with it within the

[35]

framework of ẹsẹ Ifá already discussed just as he deals with human beings. Each personified object or creature is made to be symbolic of some kind of good or evil attribute which the Ifá priest wants to eulogise or condemn. In this way, the Ifá priest builds up a powerful satire on human society by telling stories of non-humans. The end-product of his story about objects and creatures of nature is therefore meant for human beings. If, for example, ẹsẹ Ifá wants to condemn unfaithfulness in Ifá divination practice, it will tell the story of àgbìgbò, a bird believed to be originally an unfaithful Ifá priest. When the Ifá priest wants to eulogise the importance of long life, he will tell the story of the hill, which in ẹsẹ Ifá is symbolic of power and long life. Hence the hill is nick-named "ẹni-apá-ò-ká" (he who cannot be subdued or the impregnable one).

The aspects of the content of ẹsẹ Ifá so far discussed are broad themes which could be found in more than one particular Odù. It should, however, be pointed out that the Ifá priests believe that each Odù has its own theme which identifies it and separates it from the others. Thus, many poems found in Ọ̀bàrà Méjì, the seventh Odù, tell the story of a man who was very poor but who suddenly became prosperous and important in society. Òtúá Méjì, the thirteenth Odù, tells the story of the coming of Islam into Yorubaland. This is the reason why Òtúá Méjì is known as Bàbá Mọ̀le[50] (The Muslim Old Man). Some of the specific themes found in each of the 256 Odù cut across the broad themes we have already discussed. Thus, Ọ̀sá Méjì which is known as Ọ̀sá Ẹlẹyẹ (Ọ̀sá of the witches) tells the story of the conflict between the àjẹ́ and the divinities.

We can therefore conclude that the content of ẹsẹ Ifá is very broad indeed. It covers Yoruba history, mythology, belief and value systems as well as the Yoruba appreciation of the world in which they live. We are therefore not surprised that Ifá divination poems are highly valued by the Yoruba as the guardian of Yoruba culture, the wisdom of the ages and the teachings of the ancestors and the divinities.

NOTES

1. The number of divinities in the Yoruba pantheon is variously put at 401 and 201. Most of these divinities are minor gods worshipped in small towns and villages. Some myths emphasise that the divinities came to the earth in waves.

2. For details about the funtions of the major divinities, see Idowu, E. B., *Olódùmarè, God in Yoruba Belief*, Longmans, 1962.

3. *Ògún* is the Yoruba war and hunting divinity. His symbol is iron, and he is worshipped by hunters, farmers, blacksmiths and others whose occupation involves the use of iron implements.

4. *Òòṣàálá* who is also known as *Ọbàtálá* is the divinity responsible for creation. Because he could be found in almost every Yoruba town and be cause of his important function of creation, *Idowu* in his book, *Olódùmarè, God in Yoruba Belief*, regards *Òòṣàálá* as the Yoruba arch-divinity.

5. *Èṣù* or *Ẹlẹ́gbára* is the trickster divinity who keeps the *àṣẹ* with which *Olódùmarè* created the universe and maintained its physical laws. Furthermore, *Èṣù* acts as a policeman for *Olódùmarè* to enforce compliance with the ethical values of the universe.

6. There is another myth which states that the divinities came overland from *Ọrun*, which was then part of another territory. At this time in Yoruba mythology *ayé* (earth) and *Ọrun* (heaven) formed part of the same planet. But *Ọrun* later moved away skywards due to the dirty habits and insults which human beings gave *Olọ́run* (another name for *Olódùmarè* which means "lord of *Ọrun*") every day.

7. *Ifẹ̀* is an important Yoruba city. It is the spiritual centre of the Yoruba. It is believed that a shrine is kept at *Ifẹ̀* for every Yoruba divinity. *Ifẹ̀* was also the intellectual centre of Yoruba traditional society. This ancient rain-forest city which now houses the University of Ifẹ can be regarded as the Mecca of the Yoruba. It is, however, not certain whether the *Ifẹ̀* of mythology where the divinities landed is present-day *Ile-Ifẹ̀*. There are several *Ifẹ̀* known to Yoruba historians, but the one in which the divinities landed from heaven is known as *Ifẹ̀-Oòdáyé*.

8. The Yoruba people believe that *Ifẹ̀* is the cradle of humanity. *Ifẹ̀* is therefore to the Yoruba what the Garden of Eden is to Jewish mythology.

[37]

9. This probably explains why the hen is used more than any other creature as an offering to Ifá. The hen was the first messenger of the divinities and therefore can be trusted as a means of sending messages through ẹbọ (sacrifice) to the divinities. Hens which have five fingers are regarded by the Yoruba as strange creatures. They are therefore used in the preparation of important medicines.

10. The camelion is a sacred creature to the Yoruba. In traditional Yoruba society, it was forbidden to kill camelions except for medicinal or ritualistic purposes. The Yoruba regard the camelion as ajẹẹgùn (the one who makes medicines potent). The camelion is therefore usually included in many important medicinal preparations in order to increase their potency.

11. Many of the ruling dynasties of the numerous Yoruba kingdoms trace their origin to Odùduwà, also known as Ọlọ́fin, who is believed to be the great ancestor of the Yoruba people. The present ruling dynasty in the important city of Ọ̀yọ́ is directly descended (through Ọ̀ràányàn, one of the grandsons of Odùduwà) from Ọlọ́fin. Therefore, the government of Yoruba traditional society was based on divine right of kings.

12. For detailed discussion about the history of Yoruba kingdoms, see Smith, R. S., *Yoruba Kingdoms*, Methuen, London, 1969.

13. The old Ọ̀yọ́ empire was the largest and most important of the Yoruba political groupings before its destruction in the late 1930's. The power of the king was based on extensive trade relations with the Sudanese states and the forest kingdoms of the coast. The king also kept a large standing army based on a cavalry of archers led by the Oníkòyí, and the Káká-nfò.

14. Ìgẹ̀tí is the name of a place in Ifẹ̀ believed to be the first dwelling place of Ọ̀rúnmìlà on earth.

15. Other myths mention other children of Ọ̀rúnmìlà apart from the eight male children referred to by this myth.

16. We do not know whether Adó here refers to Adó-Èkìtì, which is in the north-east or Adó-Àwáye, which is in the west of Yorubaland.

17. See Abimbọla, Wande, *Ìjìnlẹ̀ Ohùn Ẹnu Ifá, Apá Kíìní*, Collins, Glasgow, 1968, pp. 43–7.

18. Most of the divinities are believed to have left the earth for ọ̀run without dying like ordinary human beings.

19. Abimbọla, Wande, *Ìjìnlẹ̀ Ohùn Ẹnu Ifá, Apá Kejì*, Collins, Glasgow, 1969, pp. 87–98.

20. The goats attempted to eat the razors because they thought that they were edible. This exaggeration only shows the height of the famine which raged on earth as a result of the departure of Ọ̀rúnmìlà.

21. A similar palm-tree known by Ifá priests as ọ̀pẹ̀ àgùnká which has an unusually large head is used by Ifá priests today as a symbol of Ifá.

22. Abimbọla, *Ìjìnlẹ̀ Ohùn Ẹnu Ifá*, 1969, pp. 142–157.

23. For details about the *Odù*, see section II of this introduction.

24. *Ọpẹ̀lẹ̀* is the name of a tree which grows wild in the forest.

25. For details about *orí* as a theme in Ifá divination poetry, see section III (c) of this introduction.

26. The *ìbà* constitutes the first part of the chant of the Ifá priest and the *Ìjálá* (hunter's poetry) artist. It is a salute to the earthly authorities such as the elders and the witches and an invocation of the divinities to be present at the chanting of the artist's repertoire so that he may sustain no harm.

27. The Yoruba regard *ilẹ̀* (the earth) as a divinity. This divinity is worshipped by the *Ògbóni*, the most important of the Yoruba secret societies.

28. For further details about the *ajogun*, see section III (c) of the introduction.

29. Abimbọla, *Ìjìnlẹ̀ Ohùn Ẹnu Ifá*, 1968, p. 101.

30. Although *Òfún* is the last and therefore the most junior in this hierarchy, Ifá priests believe that he was originally the most important of the *Odù*. Hence whenever an Ifá priest wants to chant a poem from *Òfún Méjì* he will drink a little palm-oil and hail *Òfún* as a king with the words *hèèpà Odù* (I salute the king of the *Odù*).

31. See Abimbọla, Wande, "Ifá Divination Poems And the Coming of Islam Into Yorubaland", *Pan-Africana Journal*, New York, 1972, pp. 440–454.

32. For details about the structure of *Ẹsẹ Ifá*, see Abimbọla, Wande, "An Exposition of Ifá Literary Corpus", Ph.D. dissertation, University of Lagos, Nigeria, 1970.

33. cf. Abimbọla, *Ìjìnlẹ̀ Ohùn Ẹnu Ifá*, 1969.

34. cf. Abimbọla, Wande, "Ifa Divination Poems As Sources for Historical Evidence", *Lagos Notes and Records*, Vol. 1, January, 1967.

35. Abimbọla, *Ìjìnlẹ̀ Ohùn Ẹnu Ifá*, 1968, p. 143.

36. Abimbọla, An Exposition of The Literary Corpus, 1970.

37. Abimbọla, *Ìjìnlẹ̀ Ohùn Ẹnu Ifá*, 1968, pp. 71–2.

38. *Kẹ́kẹ́* is a type of Yoruba facial mark which runs into the head. *Àbàjà* and *kolo* are names of other facial marks.

39. *Odúnmbákú*. A personal name which means "the year I would have died".

40. *Ìrànà* hen. A sacrificial hen killed on the grave of the dead immediately after burial.

41. Abimbọla, Wande, "Stylistic Repetition In Ifá Divination Poetry", *Lagos Notes and Records*, Vol. 3, No. 1, January, 1971.

42. Abimbọla, *Ìjìnlẹ̀ Ohùn Ẹnu Ifá*, 1969, pp. 92–93.

43. *Oníkàámògún* is the name of the paramount chief of the city of *Ìká*.

44. *Àká* is a cloth used in ancient times by important kings.

45. cf. Ìwòrì Méj in III (d).

46. Abimbọla, *Ìjìnlẹ̀ Ohùn Ẹnu Ifá*, 1968, p. 82.

47. Abimbọla, *Ìjìnlẹ̀ Ohùn Ẹnu Ifá*, 1968, p. 111.

48. Abimbọla, "Ifá Divination Poems As Sources for Historical Evidence", 1967.

49. Collected from Oyedele Ìṣọ̀lá, Ile Bẹẹ̀ṣin Pààkòyí, Ọ̀yọ́ June, 1972.

50. Abimbọla, "Ifá Divination Poetry and the Coming of Islam Into Yorubaland", 1972.

THE PRINCIPAL SIXTEEN CATEGORIES OF IFA DIVINATION POETRY

I Èjí Ogbé

(a)

Ọta gbá;
Àrìrà gbá;
Òkè ṣe rìbìtì ṣorí ṣonṣo;
A díá fún Ọrúnmìlà,
Ifá ńṣawoó ròde Ìlá Ọbamowó.   5
Wọ́n ni Ọrúnmìlà ó jèrè ní Ìlá Ọbamowó.
Ṣùgbọ́n kó rúbọ.
Ó sì rú u.
Ó sì kérè délé.
Ijó ní ńjó,   10
Ayọ̀ ní ńyọ̀.
Ó ní ọta gbá;
Àrìrà gbá;
Òkè ṣe rìbìtì, ṣorí ṣonṣo;
A díá fún Ọrúnmìlà,   15
Ifá ńṣawoó ròde Ìlá Ọbamowó.
Adéẹ̀kẹ́ lọmọ Ifá.
Èrè lọmọ Ọ̀ọ̀ni.
Ọ̀rúnmìlà jẹ́ nmérè délé kokooko.

(b)

Ohun ẹgbẹ́ẹ̀ mí ńṣe,
Bí n ò ṣàì ṣe é;
A díá féyin adìẹ
Tí òun kànàkàná jọ ńṣọ̀rẹ́
Àwọn méjéèjì ńgbóguún lọ sí Ìgbòmokò Eségi   5
Wọ́n ní káwọn méjèèjì ó rúbọ.
Wọ́n ní kéyin adìẹ ó mọ́ lọ.
Ṣùgbọ́n ẹyin adìẹ ní òun ó lọ
Bí wọn ti dé bodè.
Wọ́n bẹ̀rẹ̀ síí jó.   10
Níbi tí kànàkàná bá kùn lọ,

[42]

I Èjì Ogbè

(a) Ọrúnmìlà, *The First Ifá Priest, Goes On Divination Practice*

Thunder stones[1] are powerful;
Àrìrà,[2] the powerful one;
The mighty hill which has a conical apex.
Ifá divination was performed for Ọrúnmìlà
When he was going to practise divination in the city of Ìlá   5
  Ọbamowó.[3]
Ọrúnmìlà was assured of a gainful practice in that city.
But he was also told to perform sacrifice,
And he performed it.
And he succeeded in bringing all his gains home.
He started to dance,   10
He started to rejoice.
He said, "Thunderstones are powerful;
Àrìrà, the powerful one;
The mighty hill which has a conical apex.
Ifá divination was performed for Ọrúnmìlà   15
When he was going to practise divination in the city of Ìlá
  Ọbamowó.
Adéẹkẹ[4] is the name of Ifa's son;
Èrè[5] is the name of the son of Ọọ̀ni.[6]
Ọrúnmìlà, let me carry my gains home unfailingly."

(b) Chicken Egg In The Battle of Ìgbòmokò Eségi.

Whatever my colleagues are doing,
I must do.
Ifá divination was performed for Chicken Egg
Who was a friend of Kànàkànà[1]
Both of them were going to wage war against the city of
  Ìgbòmokò Eségi.[2]   5
They were asked to perform sacrifice.
Chicken Egg was warned not to go.
But he said that he would go.
As soon as they arrived at the city gates,
They started to dance.   10
Wherever Kànàkànà went, it was with full force

[43]

Ibẹ̀ẹ̀ di ọ̀nà.
Ẹyin adìẹ náàá ní òun ó ṣe bẹ́ẹ̀?.
Báyìí ni ẹ̀yin adìẹ ṣe bọ́ sílẹ̀
Tí ó sì fọ́.   15
Àyìnódi ní ńyin àwọn awoo rẹ̀.
Ó ní ohun ẹgbẹ́ẹ̀ mi ńṣe
Bí n ò ṣàì ṣe é;
A díá féyin adìẹ
Tí òun kànàkàná jọ ńṣọ̀rẹ.   20
Àwọn méjèèjì ńgbógún lọ sí Ìgbòmokò Eségi.
Kèè pẹ́ o,
Kèè jìnà,
Ẹ wáá bá ni láruùúṣẹ́gun.

(c)

Mo ṣípá,
Mo yanngede;
A díá fún Ọrúnmìlà,
Wọ́n ní baba ò níí leè rẹrùu rẹ̀ dalẹ́.
Wọ́n ní kí Ọrúnmìlà ó rúbọ,   5
Ósì rú u.
Apá àwọn ọ̀táa rẹ̀ kò sì leè ká a mọ́.
Ó ní mo ṣípá,
Mo yanngede;
A díá fún Ọrúnmilà,   10
Wọ́n ní baba ò níí leè rẹrùu rẹ̀ dalẹ́.
Èmi nìkàn ni n ó rẹrùù mi dalẹ́,
Mo ṣípá,
Mo yanngede.

(d)

Pàkelemọ̀, babaláwo orí,
Ló díá fórí,
Orí ńsunkún òun kò láya;

[44]

That he made a way for himself.
As Chicken Egg attempted to do the same thing,
He fell down,
And was broken up into pieces.   15
It was with regret that he started to praise his Ifá priests.
He said, "Whatever my colleagues are doing,
I must do.
Ifá divination was performed for Chicken Egg
Who was a friend of *Kànàkànà*   20
Both of them were going to wage war against the city of
    Ìgbòmokò Eségi.
It is not a long time,
It is not a distant date;
Come and see us conquering with sacrifice."

(c) *I Lift Up My Arms In Joyful Satisfaction*

I lift up my arms
In joyful satisfaction.
Ifá divination was performed for *Òrúnmìlà*;
The father was told that he would not carry his responsibilities
    to the end of his life.[1]
Òrúnmìlà was told to perform sacrifice,   5
And he performed the sacrifice.
As a result he became impregnable.
He said, "I lift up my arms
In joyful satisfaction.
Ifá divination was performed for *Òrúnmìlà*;   10
The father was told that he would not carry his responsibilities
    to the end of his life.
I will carry my own responsibilities to the end of my life.
I lift up my arms
In joyful satisfaction."

(d) *Head, Chest and Genital Organs*

Pàlelemò,[1] Ifá priest of Head,[2]
Performed Ifá divination for Head,
When Head was weeping because he had no wife.

[45]

Pàkelemò, awo àyà,
Ló díá fáyà,   5
Àyà ńsunkún òrẹ́;
Pàkelemò, awo ìdí,
Ló díá fún ìdí,
Ìdí ńsunkún àirọ́mọbí.
Wọ́n ní káwọn mẹ́tẹ̀ẹ̀ta ó rúbọ   10
Wọ́n sì rú u.
Gbogbo ire náà ni wọ́n sì rí.
Wọ́n ní Pàkelemò, baba Pàkelemò,
O ṣé o.
Àyá rúbọ,   15
Àyá yànrẹ́.
Pàkelemò, baba Pàkelemò,
O ṣé o.
Ìdí rúbọ.
Ìdí rọ́mọ bí.   20
Pàkelemò, baba Pàkelemò,
O ṣé o.

Pàkelemọ̀, Ifá priest of Chest,
Performed Ifá divination for Chest,   5
When Chest was weeping because he had no friends.
Pàkelemọ̀, Ifá priest of Genital Organs,
Performed Ifá divination for Genital Organs,
When they were weeping because they had no children.
The three of them were asked to perform sacrifice.   10
They performed sacrifice,
And had all the good things they lacked.
They said, "*Pàkelemọ̀*, the good father,
We thank you.
Chest performed sacrifice,   15
And Chest made friends.
Pàkelemọ̀, the good father,
We thank you.
Genital Organs performed sacrifice,
And they produced children.   20
Pàkelemọ̀, the good father
We thank you."

II *Oyèkú Méjì*

(a)

Ìwọ Òyè,
Èmi Òyè;
Óyé sèsè ńlàá bọ̀ lókè.
Wọ́n ṣe bójúmọ́ ní ńmọ́;
A díá féja   5
Tíí ṣọmọ wọn lálè odò.
Wọ́n ní kéja ó rúbọ.
Wọ́n ní pípọ̀ nire ọmọọ rè,
Ṣùgbọ́n kó rúbọ aráyé.
Kò rú.   10
Ó ní báwo làwọn ọtá
Ṣe leè ríran ráwọn ọmọ òun lálè odò?
Ó pawo lékèé,
Ó pÈṣù lólè,
Ó wọrun yànyàn bí ẹni tí ò níí kú,   15
Ó kọtí ọ̀gbọin sébọ.
Ńgbà tọ́mọ aráyé dìde,
Wọ́n nawọ́ he ọkọ́, àdá àti ọ̀gbún;
Wọ́n sé odò,
Wọ́n sì bèrè síí gbọ́n ọn,
Ìgbà tí omí tán léyìn ẹja àti àwọn ọmọọ rè   20
Ni àwọn ọmọ aráyé bá mú wọn,
Wọ́n sì fi wọ́n lérí iyán,
Àṣẹ Èṣù ni kò jẹ́ kí
Àwọn ọmọ ẹja ó leè tán láyé.   25
Ṣùgbọ́n títí dòní olónìí,
Àwọn ọmọ aráyé ńkó àwọn ọmọ ẹja ni.

(b)

Òpá gbóńgbó níí ṣaájú agbọ́ọni;
Atẹ́lẹsẹ̀ méjì
Wọn a jìjàdù ọ̀nà gborogàn, gborogàn;
A díá fún èrìnlójọ aṣọ

[48]

II Ọyẹ́kú Méjì

(a) The Consequences of Neglect of Sacrifice

You are Ọyẹ́[1];
I am also Ọyẹ́;
Daylight is just appearing in the skies
But people thought it was already morning.
Ifá divination was performed for Fish   5
Who was an offspring of the river bed.
Fish was told to perform sacrifice.
They told her that she would have many children,
But she was warned to perform sacrifice to prevent attacks of
  human beings.
She did not perform sacrifice.   10
She said that it was not possible for enemies.
To see her children at the bottom of the river.
She took her Ifá priests for liars,
She called Èṣù a thief[2]
She looked fearfully to heaven as if she would never die.   15
She turned a deaf ear to the warning concerning sacrifice.
When human beings got up,
They took hoe, cutlass and ọ̀gbún.[3]
They dammed the river,
And started to drain off its water.   20
When there was no water left on top of Fish and her children,
Human Beings took them,
And put them on top of pounded yam.[4]
It was the commandment of Èṣù[5]
Which prevented the complete annihilation of all species of   25
  Fish from the earth.

(b) Red Cloth Is Never Used To Cover The Dead

A small walking stick goes in front of he who wades through a
  foot-path on a wet day.[1]
The two soles of the feet,
Struggle persistently for possession of the narrow path.[2]
Ifá divination was performed for one hundred and sixty four
  cloths

[49]

Tí wọn ńtìkọ̀lé ọ̀run bọ̀ wáyé.   5
Wọ́n ní kí gbogboo wọn ó rúbọ.
Kẹ̀lẹ̀ nìkàn ló rú.
Ó rúbọ tán,
Ayé bẹ̀rẹ̀ síí yẹ ẹ́.
Bí wọ́n bá lò ó, lò ó, lò ó,   10
Bó bá dọjọ́ ikú,
Wọn a ní kí wọn ó mú un kúrò lára òkú.
Aṣọ funfun àti aṣọ mìíì níí bá òkúú dọ́run,
Aṣọ pupa kò gbọdọ̀ bá a lọ.
Kẹ̀lẹ̀ ló rú o,   15
Kẹ̀lẹ̀ ló tù.
Aṣọ pupa kìí bókùú dọ́run.
Bí wọn bá tòkú jẹ tán,
Wọn a padà sẹ́yìn.

(c)

Àtàtà tanìntanìn;
A díá fÓlọmọ, ìyan, ìyan gìdìgbí.
Gbogbo ajogun gbogbo ní ńdòòyìí ká Ọlọmọ
Tí wọn ńfẹ́ẹ́ pa á.
Wọ́n ní ẹbọ ní ó rú.   5
Ó sì rú u.
Ní ọjọ́ kan,
Ikú, àrùn àti òfó dìde,
Wọ́n ńṣíguún lọ sílé Ọlọmọ.
Wọ́n bá Èṣù lójúde.   10
Bí wọn bá ti fẹ́ẹ́ wọlé Ọlọmọ.
Èṣù ṣáà ńbu ìyẹ̀fun èlùbọ́ọ́ sí wọn lẹ́nu ní,
Bẹ́ẹ̀ ni gbogbo ajogun kò gbọdọ̀ fẹnu kan ìyẹ̀fun èlùbọ́
Ìgbà tí ìyẹ̀fun èlùbọ́ kan àwọn ajogun lẹ́nu,
Òmíìí kú, òmíìí sì ṣàárẹ̀ nínúu wọn,   15
Ṣùgbọ́n kò sí èyí tí ó leè wọlé Ọlọmọ nínúu wọn.
Ìgbà ti inú Ọlọmọ dùn tán,
Orin awo ní ńkọ.
Ó ní Àtàtà tanìntanìn;
A díá fÓlọmọ, ìyan, ìyan gìdìgbí.   20

[50]

When they were coming from heaven[3] to earth.   5
All of them were told to perform sacrifice.
But only Red Cloth performed sacrifice.
After performing sacrifice,
He started to have honour and respect.
After a man has used Red Cloth for a long time,   10
On the day the man dies,
Red Cloth is removed from his corpse.
Only white and other shades of cloth go with the dead to
    heaven.
Red Cloth must never go with him.
Only Red Cloth performed sacrifice,   15
Only Red Cloth offered sacrifice to the divinities
Red Cloth does not go to heaven with the dead.[4]
After deceiving the dead for a little while (on earth),
It turns away from him (on the road to heaven).

(c) Death Does Not Eat Yam Flour

The Ifá priest named *Àtàtà-tanìn-tanìn*[1]
Performed Ifá divination for *Olómo*[2], the mighty one.
All the *ajogun*[3] surrounded *Olómo*
In order to kill him.
He was told to perform sactifice,   5
And he performed sacrifice.
It happened one day,
Death, Disease and Loss stood up,
And went to attack the house of *Olómo*.
They met *Èṣù* outside the house.[4]   10
As they were trying to enter the house,
Èṣù poured yam-flour into their mouths.
Since the *ajogun* must not taste yam-flour,[5]
When yam-flour touched their mouths,
Some of them died and some became sick,   15
But none of them was able to enter the house of *Olómo*.
When *Olómo* became happy,
He started to chant the song of Ifá priests.[6]
He said, "The Ifá priest named *Àtàtà-tanìn-tanìn*,
Performed Ifá divination for *Olómo*, the mighty one.   20

Ikú tó lóun ó pawo.
Kò leè pawo mọ́,
Ikú ti yẹ̀ lórí awo.
Ikú èé jèlùbọ́;
Bíkú bá póun ó jèlùbọ́,   25
Ẹnuu rẹ̀ a kù,
Ẹnuu wọn a fún tuuru.
Àrùn tó lóun ó ṣawo
Kò leè ṣawo mọ́
Ikú èé jèlùbọ́;   30
Bíkú bá póun ó jèlùbọ́,
Ẹnuu rẹ̀ a kù,
Ẹnuu wọn á fun tuuru.
Ajogun gbogbo tó lóun ó ṣawo,
Kò leè ṣawo mọ́.   35
Ikú èé jèlùbọ́;
Bíkú bá póun ó jèlùbọ́,
Ẹnuu rẹ̀ a kù,
Ẹnuu wọn a fún tuuru.

(d)

Orí tí ó ò dádé,
Nínú agoroodẹ níí tií yọ́ọ́ wá;
Ọrùn tí ó lèjìgbààlẹ̀kẹ̀,
Nínú agoroodẹ níí tií yọ́ọ́ wá;
Bèbèèdí tí ó lo mọ́sàajì,   5
Aṣọ ọba tó koná yanran yanran,
Nínú agoroodẹ níí tií yọ́ọ́ wá;
A díá fún Ikúṣàánú
Tíí ṣàrẹ̀mọ Alápà.
Ikú ṣàánú ò,   10
A ò pé o mọ́ pa ni.
Àrùn ṣàánú ò,
A ò pé o mọ́ ṣe ni.
Gbogbo ajogun, ẹ ṣàánú ò,
A ò pé ẹ mọ́ ṣe ni.   15
Ẹ bá ṣàánú,
Ẹ relẹ̀ mîì.

[52]

Death, who boasted that he would kill Ifá priest,
Can no longer kill him.
Death has shifted away from the head of Ifá priest.
Death does not eat yam-flour.
If Death attempts to eat yam-flour,   25
His mouth would collapse,
His mouth would be tightly compressed.
Disease, who boasted that he would attack Ifá priest,
Can no longer attack him.
Death does not eat yam-flour.   30
If Death attempts to eat yam-flour,
His mouth would collapse,
His mouth would be tightly compressed.
All evil things who wanted to attack Ifá priest
Can no longer attack him.   35
Death does not eat yam-flour.
If Death attempts to eat yam-flour,
His mouth would collapse,
His mouth would be tightly compressed."

(d) Death, Have Mercy On Us

The head who will wear a crown,
Is chosen before birth by the divinities.[1]
The neck who will wear a crown,
Is chosen before birth by the divinities.
The hips who will use *mọ́sàajì*,[2]   5
Garment of kings which is very warm,
Is chosen before birth by the divinities.
Ifá divination was performed for *Ikúṣàánu*[3]
Who was the first-born son of *Alápà*.[4]
Death. have mercy on us.   10
We are not saying that you shouldn't kill.
Disease, have mercy on us,
We are not saying that you must not attack people.
All *ajogun*, have mercy on us,
We are not saying that you shouldn't attack people.   15
But, please, have mercy on us,
And go to another land.

III *Iwori Mejì*

(*a*)

Ògòdò òwú sòkè odò,
Payín kekeeke sólóko;
A díá fún Aláǹtaakùn,
Ọmọ aṣohun gbogbo
Bí idán bí idán.　　　　　　　　　5
Ifá, bí idán, bí idán
Ni o ṣeree tèmi fémi.
Ògòdò òwú sòkè odò,
Payín kekeeke sólóko.

(*b*)

Ọ̀gán dádé
Bẹ́ẹ̀ ni kò gbọdọ̀ jọba;
Orúrù níí wẹ̀wù ẹ̀jẹ̀ kanlẹ̀;
Orubu ẹfún balẹ̀,
Ó kó rúmú rùmù rúmú;　　　　　　5
A díá fún àsẹ́ tẹ́ẹ̀rẹ́,
Ọmọbìnrin ọ̀run;
A bù fún àtọ̀ tẹ́ẹ̀rẹ́,
Ọmọkùnrin ìsálayé.
Àsẹ́ tẹ́ẹ̀rẹ́,　　　　　　　　　10
A wá ọ kù,
O ò dé mọ́;
O lawọ́ lasẹ̀,
Lo dọmọ.
Gbèjẹ̀bí,　　　　　　　　　　15
A fẹ́ ọ kù,
O ò dé mọ́;
O lawọ́ lasẹ̀,
Lo bá dọmọ.

[54]

III Ìwòrì Méjì

(a) A Prayer To Ifá

When the farmer looks at cotton wool on the other side of the
    river,
It seems to open its white teeth smiling joyfully.
Ifá divination was performed for the Spider,[1]
Offspring of those who do all things
In a wonderful way.   5
Ifá, in your own wonderful way,
Bring all good things to me.
When the farmer looks at cotton wool on the other side of the
    river,
It seems to open its white teeth smiling joyfully.

(b) Slender Menstrual Flow And Slender Semen

When the top of an ant-hill is broken,
It retains water inside its trunk[1]
Orúrù[2] tree wears a garment of blood all over.
When powdered chalk falls on the ground,
It scatters all over in fine particles.   5
Ifá divination was performed for slender Menstrual Flow,
Who was a girl of heaven.
Ifá divination was also performed for slender Semen,
Who was a boy of this earth.
Slender Menstrual Flow,   10
We sought you in vain,
You refused to come back.
But you grew hands and feet,
And turned into a baby.
You, offspring of blood;   15
We saw you no more.
You did not return.
But you grew hands and feet,
And turned into a baby.

(c)

Pá, bí ọsán já;
Ọsán já,
Awoo wọn lóde Ìtóri;
Akàtànpó jákùn,
Ó dòbììrì kálẹ̀,   5
A díá fún Ọ̀rúnmìlà
Ifá ńlọ táyé Olúúfẹ̀, Orò, sọ,
Bí ẹni tí ńsọgbá
Ta ní ó wàá bá ní
Táyée wa wọ̀nyí sọ?   10
Ewé ọ̀pẹ̀pẹ̀ tilẹ̀ sọ.
Ọ̀rúnmìlà ni ó ò wàá bá ní
Táyée wa wọ̀nyí sọ,
Ewé ọ̀pẹ̀pẹ̀ tilẹ̀ sọ.

(d)

Gbálúkọgún, gbàlùkọgún,
Ìpàkọọ 'gún jẹ̀rú àáké
Bẹ́ẹ̀ nı kò ṣeé kégi;
A díá fÉjì Ìwòrì
Èyí tı ó ò kẹ́ta Odù wáyé.   5
Wọ́n ní níbo ni yóò gbé dúró?
Ó ní ṣebí òun ni òún fodó rúbọ.
Wọ́n ní níbo ni yóò gbé tẹlẹ̀?
Ó ní òún da irúu tẹ̀tẹ̀ sílẹ̀.
Wọ́n ní kò gbọdọ̀ dódee baba ẹnìkọ́ọ̀kan.   10
Ó ní ṣojú onílẹ̀ ni tẹ̀tẹ̀ńpọ̀nlá fií gbalẹ̀.
Ó ní àwa agba la jọ ńṣegbó.
Tẹ̀tẹ̀ mọ́ọ rìn,
Tẹ̀tẹ̀ mọ́ọ yan.
Ó ní àwa ìjòkùn la jọ ńṣòdàn,   15
Tẹ̀tẹ̀ mọ́ọ rìn,
Tẹ̀tẹ̀ mọ́ọ yan.
Àwaa keekéè la jọ ńṣỌyọ́ Àjàká;
Tẹ̀tẹ̀ mọ́ọ rìn,

(c) Ọ̀rúnmìlà Will Help Us Mend Our Lives

Sudden as the snap of leather string.
Leather-string-snaps,
Their Ifá priest in the city of Ìtórí[1].
When àkàtàṅpó[2] loses its string,
It runs all over the ground.   5
Ifá divination was performed for Ọ̀rúnmìlà
When he was going to mend the life of the king of Ifẹ̀
As one mends broken calabash.
Who then will help us
Mend our lives?   10
It is Ọ̀rúumìlà who will help us
Mend our lives.
The palm-tree grows leaves from its tender age.

(d) Ìwòrì Méjì The Third Odù To Appear on Earth

Ugly, clumsy and crooked
The occiput of the vulture resembles the handle of an axe.
Yet it cannot be used in cutting a tree.
Ifá divination was performed for Èjì Ìwòrì[1]
Who was the third Odù to come down to earth.   5
They asked him where he planned to stay.
He answered that he had already performed sacrifices with a
    mortar.
They asked him where he planned to tread the land.
He answered that it was he who spread tẹ̀tẹ̀[2] species all over the
    earth.
They asked him never to go in front of another man's house.   10
He said that it was in the presence of the owner of the land that
tẹ̀tẹ̀ṅpọ̀nlá[3] covers up the land.
He said that he and agba[4] lived together in the forest.
Tẹ̀tẹ̀, walk about freely;
Tẹ̀tẹ̀, move about in peace.
He said that he and ìjòkùn[5] lived together in the grassland.   15
Tẹ̀tẹ̀, walk about freely;
Tẹ̀tẹ̀, move about in peace.
He said that he and keekèè[6] lived together at Ọ̀yọ́ Àjàká.[7]
Tẹ̀tẹ̀, walk about freely;

Tètè móọ yan.
Kò sí onílè tó lè pé tètè ó mó tèlè.
Tètè móọ rìn,
Tètè móọ yan.

Tɛ̀tɛ̀, move about in peace.
There is no landowner who can prevent *tɛ̀tɛ̀* from flourishing on
his land.
Tɛ̀tɛ̀, walk about freely;
Tɛ̀tɛ̀, move about in peace.

IV *Odí Mèjì*

(a)

A kólé bíríkótó,
À lÓòṣà ó gbà á;
BÓòṣà ò bá gbà á,
Kó règbé rèé ṣáké
Kó ròdàn rèé họkùn,   5
Kó rí i bágará ṣeé dá ni;
A díá fún Aṣámò,
A bù fÓdìmò
Níjó táwọn méjèèjì ńtòrun bò wáyé.
Wón ní kÁsámò ó rúbọ,   10
KÓdìmò náà ó rú.
Wón sì rú u.
Wón rúbọ tán ni ajogun gbogbo
Kò bá lè dódòọ wọn mó.
Wón ní a kólé bíríkótó,   15
À lÓòṣà ó gbà á;
BÓòṣà ò bá gbà á;
Kó règbé rèé ṣáké,
Kó ròdàn rèé họkùn,
Kó rí i bágará ṣeé dá ni;   20
A díá fún Aṣámò,
A bù fÓdìmò
Níjó táwọn méjèèjì ńtòrun bò wáyé.
Òdìmò, dímò, rere ò,
Òdìmò, dímò rere.   25
Ò bá dímò fúnkú,
Kó o dímò fárùn,
Òdìmò, dímò rere.
Òṣìnà, sínà rere ò,
Òṣìnà, sínà rere.   30
Ò bá ṣínà fájé,
Kó o ṣínà fáyà,
Òṣìnà, ṣìnà rere.

IV Òdí Méjì

(a) Gateman, Open The Gate Intelligently

We build a tiny house,
And ask a divinity to accept it as his dwelling place.[1]
If the divinity refuses to accept it,
Let him go into the forest to cut building poles,
Let him go into the grassland to fetch building ropes,   5
And see for himself the difficulties involved.
Ifá divination was performed for he who cuts palm fronds,
Ifá divination was also performed for he who ties palm fronds
    together,
On the day both of them were coming from heaven to earth.
The cutter of palm fronds was told to perform sacrifices,   10
The one who ties palm fronds together was also told to perform
    sacrifice.
Both of them performed sacrifice.
After they had performed sacrifice, all evil things
Could no longer go to them.
They said, "We build a tiny house,   15
And ask a divinity to accept it as his dwelling place.
If the divinity refuses to accept it,
Let him go into the forest to cut building poles,
Let him go into the grassland to fetch building ropes,
And see for himself the difficulties involved.   20
Ifá divination was performed for he who cuts palm fronds,
Ifá divination was also performed for he who ties palm fronds
    together,
On the day both of them were coming from heaven to earth.
You, who tie palm fronds together, tie them securely.
Tie them securely against death,   25
Tie them securely against disease.
You, who tie palm fronds, tie them well.
Gateman, open the gate intelligently.
Gateman, open the gate intelligently.
Open the gate for money,   30
Open the gate for wife.
Gateman, open the gate intelligently.

Mo déere,
Mo rìinre;
Èmi nìkan ni mo mọ̀rìn àrìnkòórìn;
A sẹ̀sẹ̀ ńkóhun ọrọ̀ọ́ 'lẹ̀
Ní ıno wọlé wẹ́rẹ́ bí ọmọ olóhun;   5
Èmi èé ṣọmọ olóhun,
Ìrìn àrìnkò ni mo mọ̀ọ́ rìn;
A díá fájògì gòdògbò
Èyí tí ó wọlé wẹ́rẹ́
Níjọ́ tí wọn ńpínrọ̀ ọbaà 'Bíní.   10
Àjògì gòdògbò ńṣawoó ròdeè Bíní,
Ló bá mééjì kẹẹ́ta,
Ó looko aláwo,
Wọ́n ní àjò yóò dára fún un.
Ṣùgbọ́n kó rúbọ.   15
Ìgbà ó rúbọ tán,
Ló bá kọrí sọ́nà Íbíní.
Wíwọ̀ tó wọ̀ 'Bíní,
Ó ṣàkókò ikú ọbaa wọn.
Ó ní ǹjẹ́ ó yẹ kí òun àgbà awo   20
Ó mọ́ lọọ kí wọn báyìí.
Bí wọ́n ṣe ńpínrọ̀ ọba ni àjògí wọlé dé,
Bẹ́ẹ̀ ni bí wọn bá pínrọ̀ náà tán,
Apá kan rẹ̀, àjògí ni wọ́ọ́n kó o ó fún.
Nì àwọn ará òde Ìbíní   25
Bá kó apá kan ohun ọrọ̀ náà fun àjògì gòdògbò.
Rírọ́ tájògí rọ́ gbogbo nǹkan ọrọ̀ tán,
Ilé ló kọrí sí.
Ó wáà ńyin àwọn awoo rẹ̀,
Àwọn awoo rẹ̀ ńyin 'Fá.   30
Wọ́n sòpá sáràn,
Ó mú tinúu rẹ̀ jáde,
Ẹsẹ̀ tí yó nà,
Ijó fà á.
Ó ya ẹnu kótó,   35
Orin awo ló bọ́ sí i lẹ́nu.

(b) The Important Stranger In The City of Benin

I arrive well,
I travel well.
I am he who usually travels and comes across fortune.
Just as they were laying down riches,
I entered unannounced like the owner's son.   5
I am not the owner's son,
I only know how to travel and come across fortune.
Ifá divination was performed for the important stranger
Who would enter the city unannounced
On the day they were sharing the wealth of the king of Benin.[1] 10
The important stranger was going to the city of Benin on
    divination practice.
He added two cowries to three,
And went to consult another Ifá priest.
He was told that the journey would be good for him.
But he was told to perform sacrifice.   15
After he had performed the prescribed sacrifice,
He went on the road to Benin.
The time he entered the city,
Happened to be the time their king died.
He wondered if he, an experienced Ifá priest,   20
Should not go and sympathise with them.
The important stranger entered just as they were dividing the
    properties of the dead king.
And after they finished dividing the property,
A portion of it usually went to a stranger.
The citizens of Benin   25
Therefore gave a portion of the riches to the important stranger.
As soon as the important stranger gathered all the riches,
He went back to his own town.
He started to praise his Ifá priests,
And his Ifá priests praised Ifá.   30
They applied drumstick to àràn,[2]
And it brought forth its pleasant melodies.
As he stretched out his legs,
Dance caught them.
As he opened his mouth,   35
The song of Ifá came out therefrom.

Ó ní bẹ́ẹ̀ gẹ́gẹ́ ni àwọn awo òún wí:
Mo déere,
Mo rìinre;
Èmi nìkan ni mo mọ̀rìn àrìnkòó rìn;   40
A ṣẹ̀ṣẹ̀ ńkóhun ọrọ̀ọ́ 'lẹ̀
Ni mo wọlè wẹ́rẹ́ bí ọmọ olóhun;
Èmì èé ṣòmọ̀ olóhun.
Ìrin àrìnkò ni mo mọ̀ọ́ rìn,
A díá fájògì gòdògbò,   45
Èyí tí ó wọlé wẹ́rẹ́
Níjọ́ tí wọn ńpínrọ̀ ọbaà 'Bíní.
Ta ní ó wàá bá ni tún 'lẹ̀ yí ṣe?
Àjògì gòdògbò
Ní ó wàá bá ni tun 'lẹ̀ yí ṣe.

                                                       50

        (c)

Ìdi méjèèjí tó olúwaarẹ̀ẹ́ jókòó;
A díá fóníbodè Ajẹ̀ngbẹ̀rẹ̀ Mògún,
Èyí tí óò gbójú kan ríre gbogbo.
Kò sí iṣẹ́ tí Oníbodè ò ṣe tán,
Ọkan ò pé e níbẹ̀.   5
Òún leè ríre báyìí?
Ni Oníbodèé dáfá sí.
Wọ́n ní ẹbọ ní ó wáà rú.
Ó sì rú u.
Igbà ó rúbọ tán,   10
Ló bá di pé bólóko ńtokoó bọ̀,
Bọ́lọ́nà ńtọ̀nàá bọ̀,
Wọ́n ńfún Oníbodè
Ní oríṣìríṣìí nǹkan
Bí àgbàdo àti iṣu.   15
Bóníbodèé bá jẹ, tó yó tan,
A sì tún tà nínú nǹkan wọnyí.
Bẹ́ẹ̀ ni Oníbodèé ṣe tí ó fi dolówó.
Ìgbà tí inúu rẹ̀ẹ́ dùn tán,
Orin awe ní ńkọ.   20

        [64]

He said it happened exactly as his diviners predicted.
"I arrive well,
I travel well.
I am he who usually travels and comes across fortune.   40
Just as they were laying down riches,
I entered unannounced like the owner's son.
I am not the owner's son,
I only know how to travel in order to come across fortune.
Ifá divination was performed for the important stranger   45
Who would enter the city unannounced
On the day they were sharing the wealth of the king of Benin.
Who then will help us improve this city?
It is the important stranger
Who will help us improve this city."   50

(c) *The Gate-keeper Of The City of* Ajèngbèrè Mògún

The two halves of the buttocks are enough support for one to sit
    upon.
Ifá divination was performed for the gate-keeper of the city of
    Ajèngbèrè Mògún,[1]
Who would stay in one place and there have all good things.
There is no type of job which the gate-keeper had not done.
But he prospered in none of them.   5
Could he possibly come across fortune?
That was the question he asked from Ifá.
He was told to perform sacrifice,
And he performed it.
After he had performed sacrifice,   10
Whenever farmers were returning from their farms,
Whenever travellers were returning from their travels,
They gave the gate-keeper
Different kinds of products
Like maize and yams.   15
After the gate-keeper ate to his satisfaction,
He would sell the remainder of the products.
That was how the gate-keeper became a rich man.
When he became a happy man,
He started to sing the song of Ifá priests.   20

[65]

Ó ní ìdí méjèèjí tólúwaarẹ́ẹ́ jókòó;
A díá fÓníbodè Ajẹ̀ngbẹ̀rẹ̀ Mògún,
Èyi tí ó ò gbójú kan ríre gbogbo.
Èrò Ìpo,
Èrò Òfà,   25
Ẹ wáá bá ni ní jẹbútú ajé suuru.

(d)

Adíńdí Òdí,
Adìǹdi Òdí;
A díá fÉjì Òdí
Tí ńlọ sójà Èjìgbòmẹkùn,
Ó ńsunkun aláìlóbìnrin.   5
Wọ́n ní kí Èjì Òdí ó rúbọ.
Kín ni òun ó ha rú báyìí?
Wọ́n ní kí ó rú ọpọ̀lọpọ̀ oyin.
Ó sì rú u.
Nínú oyin tí ó rú náà,   10
Ni àwọn awoo rẹ̀ẹ́ ti mú
Tí wọ́n fi ṣe Ifá fún un.
Bí Èjì Òdí ti dójà Èjìgbòmẹkùn,
Ìyálójà ló kọ́ dìgbò lù,
Ó sì ta ọkan nínú àwọn ìgò oyin   15
Tí wọ́n fi ṣe Ifá fún un sí i nídìí.
Lẹ́yìn náà ló bá iyálójà lò pọ̀.
Ó sì gbádùun rẹ̀ pípọ̀.
Ló bá di pé ọpọ̀ èèyàn bẹ̀rẹ̀ síí jìjàdù
Láti bá ìyálójà lò pọ̀.   20
Ìgbà tí inúu gbogbo wọ́n dùn tán,
Orin ni wọ́n ńkọ.
Wọ́n ńwí pé
Ìyálójà ṣe ká lọ,
Oyinmọmọ   25
Kò mọ̀ jẹ́ á lọ lójà,
Oyinmọmọ.

He said, "The two halves of the buttocks are enough support for
   one to sit upon.
Ifá divination was performed for the gate-keeper of the city of
   Ajèngbèrè Mògún
Who would stay in one place and there have all good things.
Travellers to the city of *Ìpo*,[2]
Travellers to the city of *Òfà*,[3]   25
Come and find us with plenty of money."

(d) Òdí *Makes Love With The Head of The Market Women*

The very big and powerful *Òdí*,
The very strong *Òdí*.
Ifá divination was performed for *Èjì Òdí*[1]
Who was going to the market of *Èjìgbòmèkùn*[2]
Weeping because he had no wife.   5
Èjì Òdí was told to perform sacrifice.
What should he offer for sacrifice?
He was told to perform sacrifice with plenty of honey.
He performed it.
Out of the honey which he offered for sacrifice,   10
His Ifá priests took a little,
And with it, made the medicine of Ifá for him.
As soon as *Èjì Òdí* arrived in the market of *Èjìgbòmèkùn*,
He got hold of the head of the market women,[3]
And he poured honey from one of the bottles   15
Which contained the Ifá medicine into her private part.
It was after that that he had sex with her,
And he enjoyed her exceedingly.
The result was that many other people started to struggle
To have sexual intercourse with the head of the market women. 20
When they all became happy,
They started to sing.
They were saying,
"The head of the market women, let us go.
Sweet honey   25
Does not allow us to leave the market.
Sweet honey."

V *Irosun Méjì*

Irinó ẹfọ̀n,
Ẹgbẹ̀rin ìwo;
Ọ̀ńlénú ẹfọ̀n
Níí rìn waara waara létí ọpa;
A díá fún Ọlọ́gbun Àyíkú.   5
Wọ́n ní kí ó rúbọ,
Wọ́n ní àwọn ọ̀tá fẹ́ẹ́ pa á lọ́dún náà.
Wọ́n ní kí ó lọ dì mọ́ Ṣàngó.
Ó sì ṣe gbogboo rẹ̀.
Ibi tí àwọn ọ̀táa rẹ̀ gbé ńpètepèrò,   10
Pé àwọn ó pa á,
Ni Ṣàngó bá lọ̀ọ́ sọ ẹdùn àràrá sí ààrin wọn.
Ìgbà tí ó ṣẹ́gun àwọn ọ̀táa rẹ̀ tán,
Ó wáà ńjó,
Ó ńyọ̀,   15
Ó ní bẹ́ẹ̀ gẹ́gẹ́ ni àwọn awo òún wí.
Irinó ẹfọ̀n,
Ẹgbẹ̀rin ìwo;
Ọ̀ńlénú ẹfọ̀n
Níí rìn waara waara létí ọpa: 20
A díá fún Ọlọ́gbun Àyíkú
Èyí tí ó dỌlọ́gbun Àyílà
Gbiri gbiri lórí ọta.
Èrò Ìpo,
Èrò Ọ̀fà;   25
Ẹ wáá bá ni láìkú kangiri,
Àìkú kangiri là á bókè.

Ìbabúrú,
Awoo wọn lóde Ìbabúrú;
Ìbabùrù,

[68]

V İrosùn Méjì

(a) Ṣàngó *Saved* Qlógbun *From Imminent Death*

Four hundred bush cows,
Eight hundred horns;
Four hundred and eighty bush cows
Go fearlessly in front of hunting staff.[1]
Ifá divination was performed from *Ológbun*[2] who would have   5
   rolled into death.
He was asked to perform sacrifices.
They told him that his enemies wanted to kill him during that
   year.
They told him to go and cling to *Ṣàngó*[3] for support,
And he did everything.
In the place where his enemies were deliberating   10
To kill him,
Ṣàngó threw his thunder stone amongst them.
After *Qlógbun* had defeated his enemies,
He started to dance,
And he started to rejoice.   15
He said that was exactly what his Ifá priest predicted.
"Four hundred bush cows,
Eight hundred horns;
Four hundred and eighty bush cows,
Go fearlessly in front of hunting staff.   20
Ifá divination was performed for *Qlógbun* who would have rolled
   into death;
But who later became *Qlógbun* who rolled
And survived with the aid of thunder stone.
Travellers to the city of Ìpo,
Travellers to the city of *Òfà*,   25
Come and see us enjoying our long lives with perfect health
The hill is for ever immortal, firm and strong."

(b) History and Culture At Old *Òyó*

The Ifá priest known as *Ìbabúrú*,[1]
Who was their Ifá priest in the city of *Ìbabúrú*:
The Ifá priest known as *Ìbabùrù*,

[69]

Awoo wọn lóde Ìbabùrù;
Ìbabùrù,   5
Awo òde Ìbarakata;
A díá fún Ìgbà
Tí ńṣawoó ròde Ọ̀yọ́.
Gbogbo ilé Ìgbà ló gbóná
Tọmọtọmọ, tobìnrintobìnrin.   10
Wọ́n ní Ìgbà ó rúbọ
Kára ó lè baà tù ú.
Ó rúbọ tán,
Ni ará wáá bẹ̀rẹ̀ síí tù ú.
Ó ní Ìbabúrú,   15
Awoo wọn lóde Ìbabúrú;
Ìbabùrù;
Awo òde Ìbabùrù
Ìbabùrù
Awoo òde Ìbarakata.   20
A díá fún Ìgbà
Tí ńṣawoó ròde Ọ̀yọ́.
Ìgbà, mo ṣẹbọ ilá tútù;
Ìgbà, mo ṣẹbọ òsùn tútù
Mo wáá mú BÈgìrì Àlọ̀ tán,   25
Ará tù mí niniini.

(c)

Ọ̀gẹ̀dẹ̀ àgbagbà
Abèso kọ̀kọ̀ọ̀kọ̀;
A díá fún Pòrò
Tí ńsunkún òun ò rọ́mọ bí.
Wọ́n ní kí Pòrò ó rúbọ,   5
Ó sì rú u.
Ó rúbọ tán,
Ló bá bí ọmọ mẹ́ta.
Ó ṣaájò, ṣaájò,
Kò bí jù bẹ́ẹ̀ lọ mọ́.   10
Àwọn ọmọ mẹ́ta tí ó bí náà
Ni ó fi ńyin àwọn awoo rẹ̀.
Ó ní bẹ́ẹ̀ gẹ́gẹ́ ni àwọn àwọn òún wí.
Ọ̀gẹ̀dẹ̀ àgbagbà
    [70]

Ifá priest of the city of *Ìbabùrù*;
The same *Ìbabùrù*,   5
Who was also their Ifá priest in the city of *Ìbarakata*,
Performed Ifá divination for *Ìgbà*[2]
When he was going to the city of Old *Ọ̀yọ́*[3] to practice divination
Everybody in the household of *Ìgbà* was very feverish
Including the children and the wives.   10
Ìgbà was told to perform sacrifice,
So that he might have peace.
After performing the sacrifice,
He started to have peace.
He said, "The Ifá priest known as *Ìbabúrú*,   15
Who was their Ifá priest in the city of *Ìbabúrú*;
The Ifá priest known as *Ìbabùrù*,
Ifá priest of the city of *Ìbabùrù*
The same *Ìbabùrù*,
Who was also their Ifá priest in the city of *Ìbarakata*,   20
Performed Ifá divination for *Ìgbà*
When he was going to the city of Old *Ọ̀yọ́* to practice divination
After I offered sacrifice with fresh okro,
After I offered sacrifice with fresh *Ọ̀sùn*[4] vegetable,
And gave all of them to *Ẹ̀rìgì Àlọ́*,[5]   25
I became very happy, peaceful and contented."

(c) Pòrò *and Her Three Children*

The Plantain plant
Which bears very big fruit.
Ifá divination was performed for *Pòrò*[1]
Who was weeping because she had no children.
Pòrò was told to perform sacrifice,   5
And she performed it.
After she had performed sacrifice,
She had three children.
She did everything in order to have more,
But she did not have any more.   10
It was because of the three children that she had
That she praised her Ifá priests.
She said that was exactly what her Ifá priests predicted.
"The Plantain plant

[71]

Abèso kọkọọkọ;   15
A díá fún Pòrò,
Tí ńsunkún òun ò rómọ bí.
Ìgbà tí Pòrò ó bìí
Ó báró.
Ìgbà tí Pòrò ó tùún bí,   20
Ó bÁasà.
Ìgbà tí Pòrò ó tùún bí,
Ó bÓdòjé,
Èyí tíí ṣọmọ ìkẹyìin wọn léńje léńje.
Èrò Ìpo,   25
Èrò Ọ̀fà,
Ẹ wáá wofá awó kì
Bó ti ńṣẹ.
Ifá dé, aláṣẹ,
Ẹbọra abìṣẹ,
Ọ̀pẹ̀, abìṣẹ wàrà.   30

         (d)

Iná kú feérú bojú,
Òṣùpá kú, ó fìràwọ̀ọ́ lẹ̀,
Ìràwọ̀ sàasàà níí ṣalátìléyìn fóṣùpá;
A díá fún Ọ̀rúnmìlà
Ifá ńṣawo, ńṣàpọ́n.   5
Òún leè lóbìnrin báyìí?
Ní Ọ̀rúnmìlà bèèrè sí.
Wọ́n ní kí ó rúbọ.
Ó rúbọ tán,
Kèè pẹ́,   10
Kèè jìnà,
Ó rí obìnrin tí yóò bá a gbégbá obì.
Ó sì bímọ tí yóò bá a gbégbá ata.
Ọpẹ́ ló bẹ̀rẹ̀ síí dú
Lọ́dọ̀ àwọn awoo rẹ̀.   15
Ó ní bẹ́ẹ̀ gẹ́gẹ́ ni àwọn àwọn òún wí.
Iná kú feérú bojú,

         [72]

Which bears very big fruit.   15
Ifá divination was performed for *Pòrò*
Who was weeping because she had no children.
When *Pòrò* first had a child,
She had *Aró*.²
When she had a child again,   20
She had *Àasà*.³
When she had a child the third time,
She named him *Odòjé*,⁴
Who was the very last of them all.
Travellers to the city of *Ìpo*,   25
Travellers to the city of *Òfà*,
Come and watch how the prediction of Ifá priest
Quickly comes to pass.
Ifá comes, the great authority;
Divinity whose prediction always comes true.   30
Palm-tree, whose prediction comes true quickly and unfailingly."

(d) The Wife Carries The Kolanut Container, The Child Carries The Pepper Calabash

When fire dies, it covers itself with ashes;
When the moon dies, it leaves the stars behind;
Few are the stars who shine with the moon.
Ifá divination was performed for *Òrúnmìlà*
When he was practising divination without a wife.   5
Could be possibly have a wife?
That was why he performed divination.
He was asked to perform sacrifice.
After he had performed sacrifice,
Before long,   10
And at no distant date,
He had a wife who helped him carry the calabash of kolanuts,
And he had a child who helped him carry the calavash of
    pepper.
He started to give thanks
To the Ifá priests who performed divination for him.   15
He said that was exactly what his Ifá priests predicted.
"When fire dies, it covers itself with ashes;

[73]

Òṣùpá kú, ó fìràwọ́ọ́ lẹ̀.
Ìràwọ̀ saàsàà níí ṣalátìlẹ́yìn fóṣùpá;
A díá fún Ọ̀rúnmìlà,   20
Ifá ńṣawo, ńṣàpọ́n,
Wọ́n ní ó káakí Mọlẹ̀,
Ó jàre,
Ẹbọ ní ó ṣe.
Aya lonígbá obi,   25
Ọmọ lonígbá ata.
Báyaá ti ńgbégbá obì,
Lọmọ ńgbégbá ata.

When the moon dies, it leaves the stars behind;
Few are the stars that shine with the moon.
Ifá divination was performed for *Ọrúnmìlà*   20
When he was practising divination without a wife.
He was told to take care of the divinities,
And was told that he would do well,
If he performed sacrifice.
The wife is the keeper of the calabash of kolanuts,   25
The child is the carrier of the calabash of pepper.
As the wife carries the calabash of kolanuts,
The child carries the pepper calabash."[1]

VI *Owonrín Méjì*

(a)

Agada-ngba Òṣùmàrè;
A díá fún Ìrókò Ìgbò,
Nígbà tì ńjẹ nírògbun ọtá.
Àwọn ọtá ní ńda Ìrókò Ìgbò láàmú.
Ló bá mééjì kẹẹ́ta,   5
Ó looko aláwo.
Wọ́n ní ẹbọ ni kí ó wáà rú.
Ó sì rú u.
Ìgbà tí ó rúbọ tán,
Ni Èṣú bá lọ́ọ́ pe àwọn àgbẹ̀ wá,   10
Pé kí wọn ó máa ṣán igbó
Tí Ìrókò ḿbẹ nínúu rẹ̀.
Gbogbo àwọn igi tí ḿbá Ìrokòó ṣọtá
Ni àwọn àgbẹ́ bẹ́ lulẹ̀.
Ìgbà tí wọ́n dé ìdí Ìrókò,   15
Èṣù ní wọn kò gbọdọ̀ gé e
Nítorí pé igi abàmì ni.
Ìgbà tí Ìrókòó ṣẹgun àwọn ọtáa rẹ̀ tán,
Ó ní bẹ́ẹ̀ gẹ́gẹ́ ni àwọn awo òún wí.
Agada-ngba Òṣùmàrè;   20
A díá fún Ìrókò Ìgbò,
Nígbà tí ńjẹ nírògbun ọtá.
Igbó kìí dí gángán,
Kí ó dí gàngàn,
Kẹ́ni mọ́ mọ̀rókò.   25
Mo yagada-ngba Òṣùmàrè.

(b)

Kó o,
N ò ko;
A díá fún Akó, aláwòrònpàpà,
Ẹkún ọmọ níí sun.
Wọ́n ní kí Àkó ó rúbọ.   5

[76]

VI Ọwọnrín Méjì

(a) The Forest Cannot Be So Full Of Trees As To Make Impossible The Recognition of Ìrókò Tree

The great Rainbow,
Performed Ifá divination for the Ìrókò[1] tree of the city of Ìgbò[2]
When he was living in the midst of enemies.
Enemies were worrying the Ìrókò tree of the city of Ìgbò.
He therefore added two cowries to three,   5
And went to an Ifá priest for divination.
He was told to perform sacrifice,
And he performed it.
After he had performed sacrifice,
Èṣù went and called farmers,   10
And ordered them to start clearing the forest
Inside which the Ìrókò tree was.
All the trees which were the enemies of Ìrókò
Were cut down by the farmers.
But when they got to the foot of the Ìrókò tree,   15
Èṣù commanded that they must not cut him
Because he was not an ordinary tree.
When Ìrókò defeated his enemies,
He said that was exactly what his Ifá priests predicted.
"The great Rainbow,   20
Performed Ifá divination for the Ìrókò tree of the city of Ìgbò
When he was living in the midst of enemies.
The forest cannot be so full or trees,
The forest cannot be so crowded with trees,
As to make impossible the recognition of Ìrókò tree.   25
I have become a great Rainbow."

(b) Àkó, The Restless One, Who Had No Children

Gather it,
I will not gather it.
Ifá divination was performed for Àkó,[1] the restless one,
Who was weeping because she had no children.
Àkó was told to perform sacrifice.   5

Ìgbà ó rúbọ rán,
Kò mú oṣù máà jẹ tí ó fi lóyún.
Láìpẹ́, ó sì bímọ.
Ìgbà tí inúu rẹ̀ẹ́ dùn tán,
Ó ní bẹ́ẹ̀ gẹ́gẹ́ ni àwọn awo òún wí.   10
Kó o,
N ò ko;
A díá fún Àkó, aláwòrònpàpà.
Ẹkún ọmọ níí sun.
Àkó ajá kìí pẹ́ lóde;   15
Wàràjà,
N ó relé lọ̀ọ́ gbọ́mọ.
Wàràjà.

(c)

Ẹni ó rín ni là á rín;
Èèyàn tí ò rín ní,
A à gbọdọ̀ rin;
Èrín dí méjì, a dìjà;
A día fún Èríntúndé,   5
Ọmọ Ẹlẹ́rìin Ṣàjéjé.
Wọ́n ní ó rúbọ
Nítorí amọniṣeni.
Ó sì rú u.
Ìgbà ó rúbọ tán   10
Ló wáá bẹ̀rẹ̀ síí ṣẹ́gun àwọn ọtáa rẹ̀.
Ìgbà tí inúu rẹ̀ẹ́ dùn tán,
Ó ní bẹ́ẹ̀ gẹ́gẹ́ ni àwọn awo òún wí
Ẹni ó rín ni là á rín;
Èèyàn tí ò rín ní,   15
A à gbọdọ̀ rin;
Èrín dí méjì a dìjà;
A díá fún Èríntúndé,
Ọmọ Ẹlẹ́rìin Sàjéjé.
Wọ́n ní ó rúbọ nítorí amọniṣeni.   20
Èrò Ìpo,
Èrò Ọ̀fà,
Èrín wáá yọ lọ́ràan tèmi.

[78]

After she had performed sacrifice,
She became pregnant the same month.
Before long, she delivered a baby.
When she became happy,
She said that was exactly what her Ifá priests predicted.   10
"Gather it,
I will not gather it.
Ifá divination was performed for *Àkó*, the restless one,
Who was weeping because she had no children.
A mother dog does not keep long away from home.   15
In great haste,
I will return home to carry my children.
In great haste."

(c) When Two People Laugh At Each Other, It results In A Quarrel

We laugh at those people who laugh at us;
As for those who do not laugh at us,
We never laugh at them;
When two people laugh at each other, it results in a quarrel.
Ifá divination was performed for *Èríntúndé*,[1]
Offspring of *Èlérìn*[2] in the city of *Sàjéjé*.[3]
He was told to perform sacrifice
Because of people who know one and yet harm one
And he performed the sacrifice.
After he had performed sacrifice,   10
He started to triumph over his enemies.
When he became happy,
He said that was exactly what his Ifá priests predicted.
"We laugh at those people who laugh at us;
As for those who do not laugh at us,   15
We never laugh at them;
When two people laugh at each other, it results in quarrel.
Ifá divination was performed for *Èríntúndé*,
Offspring of *Èlérìn* in the city of *Sàjéjé*.
He was told to perform sacrifice because of people who know
   one and yet harm one.   20
Travellers to the city of *Ìpo*,
Travellers to the city of *Òfà*,
There is nothing in my own life to be laughed at."

(*d*)

Òkúta là pàá mọ́ ṣẹ̀jẹ̀;
A díá fún Jàǹjàsá,
Tíí ṣe olórí ẹgbẹ́ lọ́run.
Wọ́n ní kí Jàǹjàsá ó mójú tó àwọn ẹgbẹ́ẹ rẹ̀.
Ìgbàa Jàǹjàsá ṣe bẹ́ẹ̀,   5
Ló bá di wí pé ó ńdára fún un.
Ó ní Òkúta là pàá mọ́ ṣẹ̀jẹ̀
A díá fún Jàǹjàsá
Tíí ṣe olórí ẹgbẹ́ lọ́run.
Èrò Ìpo,   10
Èrò Òfà,
Ẹgbẹ́ọ̀gbà ni wọ́ọ́n bọ níbẹ̀
Bó bá bí ni.

Jàñjàsá, *The Leader of Comrades In Heaven*

The stone breaks suddenly but it does not bleed.
Ifá divination was performed for *Jàñjàsá*[1]
Who was the leader of a group of comrades in heaven.[2]
Jàñjàsá was told to take care of his comrades.
When he did as he was told,   5
It was well for him again.
He said, "The stone breaks suddenly but it does not bleed.
Ifá divination was performed for *Jàñjàsá*
Who was the leader of a group of comrades in heaven.
Travellers to the city of *Ìpo*,   10
Travellers to the city of *Ọ̀fà*,
It is *Egbẹ̀ọgbà*[3] who should be propitiated
Whenever that divinity is in one's family."

VII *Obara Méjì*

Gúnugún ò torí abẹ rárí;
Erè, awo Àgbàalè;
Alágbèdẹ ò fógun ó tán láyé;
A díá fÉjì Ọ̀bàrà
Tíí ṣọmọ ìkẹyìin wọn lẹ́ńje lẹ́ńje.   5
Níjọ́ tí wọn ńlọ
Lèé ṣèbọ suru suru nílé Ọlọ́fin.
Àwọn mẹ́rẹ̀ẹ̀rin yìí níí máaá ṣawo
Fún Ọlọ́fin ní isiisán
Bí wọn bá wá,   10
Ọlọ́fin a fún wọn ní ìjẹ àti ìmu.
Nígbà tí ó di ọjọ́ kan,
Ni Ọlọ́fin bá mú elégédé mẹ́ta,
Ó là wọ́n,
Ó rọ kikìdá owó sínu ọ̀kan;   15
Ó rọ ìlẹ̀kẹ̀ okùn àti iyùn sínú ọ̀kan;
Ó rọ láàràngúnkàn aṣọ ọba sínú ẹ̀kẹta;
Ó rọ àkóǹkótán ohun ọrọ̀ nífẹ̀ sínú ẹ̀kẹrin.
Ìgbà tí ó ṣe bẹ́ẹ̀ tán,
Ni Èṣú bá fọwọ́ nu ojú   20
Ibi tí wọ́n ti pa àwọn elégédé wọ̀nyí lójú,
Ni ojú ọ̀bẹ́ bá parẹ́ láraa wọn.
Ìgba tí Ọ̀bàrà àti àwọn ọ̀rẹẹ rẹ̀ẹ́ dé,
Ọlọ́fin ò fún wọn lóńjẹ bíí tií ṣe rí.
Lẹ́yìn tí wọ́n ti jókòó fún ìgbà pípẹ́,   25
Ni Ọlọ́fin tóó fún ẹnìkọ̀ọ̀kan wọn ní elégédé kọ̀ọ̀kan.
Àwọn mẹ́ta ìyókùú ní kín ni àwọn ó wàá
Fi elégédé ṣe o.
Wọ́n ni "Ọ̀bàrà, o ò lọ kó o ńlẹ̀".
Báyìí ni gbogbo wọ́n ṣe,   30
Tí wọ́n ti gbogbo elégédé náà sí Ọ̀bàrà.
Ìgbà tí Ọ̀bàrà délé,
Ó kó àwọn elégédé wọ̀nyí fún ìyàwóo rẹ̀.

VII Obara Mèjì

(a) Ọ̀bàrà, *What Did You Sell That Made You So Rich?*
Ordinary Pumpkin

The vulture was bald not because of fear of razor;
Python, Ifá priest of *Àgbàalẹ̀*;[1]
The blacksmith does not want war to be eliminated from the
    face of the earth.[2]
Ifá divination was performed for *Èjì Ọ̀bàrà*,[3]
The very least of them all,   5
On the day they were going
To perform divination in the household of *Ọlọ́fin.*[4]
These four people always perform Ifá divination
For Ọlọ́fin every nine days.[5]
Whenever they came,   10
Ọlọ́fin usually gave them food and drinks.
But, one day,
Ọlọ́fin took four pumpkins,[6]
And opened them up.
He poured money inside one of them.   15
He poured *okùn* and *iyùn*[7] beads inside another one.
He put *láàràngúnkàn*,[8] the cloth of kings inside the third one,
And he put other valuable things of the city of *Ifẹ* inside the
    fourth.
After he had finished his operation,   20
Èṣù rubbed his hands on the marks
Created by knife on the surface of the pumpkins,
And the marks disappeared.
When *Ọlọ́fin* and his friends arrived,
Ọlọ́fin did not give them food as he used to do.
After they had sat down for a long time,   25
Ọlọ́fin gave each one of them a pumpkin.
The other three wondered what they would
Use the pumpkins for.
They said, "*Ọ̀bàrà*, why don't you gather all of them?"
That was how all of them   30
Pushed the pumpkins to *Ọ̀bàrà*.
When he got home,
He gave the pumpkins to his wife,

Pé kí ó lọọ sè wọn.
Ṣùgbọ́n obìnrin rẹ̀ náàá ní   35
Kín ni àwọn ó fi elégédé ṣe?
Òun náà kọ àwọn elégédé náà sí Ọ̀bàrà lọ́rùn
Ìgbà tí ebi ò jẹ́ kí Ọ̀bàrà ó gbádùn,
Ló bá bọ́ sí ìdí ààrò,
Ó gbé ikòkò, órí iná.   40
Ìgbà tí yóó dòbẹ dé ọ̀kan nínú àwọn elégédé náà,
Ògédé owó ló dà sílẹ̀ yìin.
Ìgbà tí ó gé mẹ́ta yòókù,
Ó bá gbogbo dúkìá tí Ọlọfin rọ sínúu wọn.
Báyìí ni Ọ̀bàrà ṣe ti ó fi di olówó.   45
Nígbà tí ọjọ́ kẹẹ̀sán
Tí wọn ó tùún lọọlé Ọlọ́fin ó fi pé,
Ó ti bẹ̀rẹ̀ síí kọ́lé,
Ó fẹ́ obìnrin kan sí i,
Ó ra ẹṣin dúdú kan,   50
Ó sì ra pupa kan pẹ̀lú.
Òkìkí Ọ̀bàrà wáá kàn ká gbogbo ayé.
Ijó ní ńjó,
Ayọ̀ ní ńyọ̀.
Agogo n Ípòóró,   55
Àràn nÍkijà,
Ọ̀pá kugúkugù lójúde Ìsẹrimogbe.
Ọ̀bàrà wáà ńyin àwọn awoo rẹ̀,
Àwọn awoo rẹ̀ ńyin 'Fá.
Ó yanu kótó,   60
Orin awo ló bọ́ sí i l'ẹ́nu.
Ó ní bẹ́ẹ̀ gẹ́gẹ́ ni àwọn awo òún
Ńṣẹnu rerée pefá.
Gúnnugún ò torí abẹ rárí;
Erè, awo Àgbàalẹ̀;   65
Alágbẹ̀dẹ ò fógun ó tán láyé;
A díá fÉjì Ọ̀bàrà
Èyí tíí ṣe ọmọ ìkẹyìin wọn lénje lénje.
Níjọ́ tí wọn ńlọ.
Lèé ṣèbọ surusuru nílé Ọlọ́fin.   70

And asked her to cook them.
But his wife also said, 35
"What are we going to do with pumpkins?"
She too rejected the pumpkins and left them for Ọ̀bàrà.
When hunger did not allow Ọ̀bàrà to rest,
He went into the kitchen,
And put a pot on fire. 40
When he sliced one of the pumpkins,
Money poured out in great quantity.
When he sliced the other three,
He found all the valuable things which Ọlọ́fin had kept inside
    them.
That was how Ọ̀bàrà became a rich man. 45
Before the end of another period of nine days,
When they were due to go to the house of Ọlọ́fin again,
He had started to build a house,
And he married a new wife.
He bought a black horse, 50
And he bought a red horse as well.
Ọ̀bàrà became a famous man all over the world.
He started to dance,
He started to rejoice.
Gongs were sounded at Ìpóró,[9] 55
Àràn drum was beaten at Ìkijà,[10]
Drumsticks were ceaselessly applied to different kinds of drums
    in the city of Ìṣẹrimogbe.[11]
Ọ̀bàrà started to praise his Ifá priests,
And his Ifá priests praised Ifá.
He opened his mouth a little, 60
The song of Ifá entered therein.
He said that was exactly how his Ifá priests
Employed their good voices in praise of Ifá.
"The vulture was bald not because of fear of razor;
Python, Ifá priest of Àgbàalẹ̀; 65
The blacksmith does not want war to be eliminated from the
    face of the earth.
Ifá divination was performed for Èjì Ọ̀bàrà,
The very least of them all,
On the day they were going
To perform divination in the household of Ọlọ́fin. 70

[85]

Wọn ò le tÈjì Ọ̀bàrà sẹ́yìn mọ́ ò,
Iwájú ló gbé.
Èjì Ọ̀bàrà, gbẹsin dúdú
Èjì Ọ̀bàrà, gbẹsin pupa.
Elégédé mere,   75
Èjì Ọ̀bàrà kín lo tà
Tó o fi dolówó?
Elégédé mere.

(b)

Agílíńtí a bìba gùgú.
Erinmi lò ta sàràsàra gòkè;
A díá fún Ọnà Ọpọ́npọ́n
Tí ńmẹ́nu ẹkúún ṣèráhùn ọmọ.
Wọ́n ní kí ó rúbọ.   5
Ó sì rú u.
Ìgbà tí ó rúbọ tán,
Ló bá bẹ̀rẹ̀ síí bímọ.
Ó ní bẹ́ẹ̀ gẹ́gẹ́ ni àwọn awo òún wí.
Agílíńtí a bìba gùgú,   10
Erinmi lò ta sàràsàrà gòkè;
A díá fún Ọnà Ọpọ̀npọ́n
Tí ńmẹ́nu ẹkúún ṣèránùn ọmọ
Ogún ọmọ nÌmó bí.
Àkàǹkàtán lọmọdéé kẹyọ ọkà.   15
Ọgbọ̀n ọmọ nÌmó bí,
Àkàǹkàtán lọmọdéé kẹyọ ọkà.

(c)

Keesekeese lẹ ti ńrí,
Kàasàkàasà ńbọ̀ léyìn,
Kàasàkàasà babaa keesekeese;
A díá fágbìgbò niwọ̀nràn
Èyí tí ńṣawoó lọ sílé Oníkoromẹ̀bí,   5
Oníkoromẹ̀bí abayaá dọ́kọ.
Aya Oníkoromẹ̀bí ńdọkọ, ló bèèrè sí.

[86]

They could no longer push Ọ̀bàrà to the back seat.
He was in the fore front.
Èjì Ọ̀bàrà, take a black horse.
Èjì Ọ̀bàrà, take a red horse.
Ordinary pumpkin.   75
Èjì Ọ̀bàrà, what did you sell
That made you so rich?
Ordinary pumpkin."

(b) Ìmó Was The Mother Of Twenty Children

Agílíntì[1] hides in its resting place puffed up with pride;
The hippopotamus climbs up the river banks speedily.
Ifà divination was performed for Ọ̀nà Ọ̀pọ́npọ́n[2]
Who was weeping because she had no children.
She was asked to perform sacrifice,   5
And she performed it.
After she had performed sacrifice,
She started to bear children.
She said that was exactly what her Ifá priests predicted.
"Agílíntì hides in its resting place puffed up with pride.   10
The hippopotamus climbs up the river banks speedily.
Ifá divination was performed for Ọ̀nà Ọ̀pọ́npọ́n
Who was weeping because she had no children
Ìmó[3] was the mother of twenty children.
A child cannot count the number of seeds produced by millet.   15
Ìmó was the mother of thirty children.
A child cannot count the number of seeds produced by millet."

(c) Àgbìgbòniwọ̀nràn, The Unfaithful Ifá Priest

You have been seeing bad things,
Worse things are yet to come;
Worse things, the father of bad things.
Ifá divination was performed for Àgbìgbòniwọ̀nràn[1]
Who was going to the house of Oníkoromẹ̀bí[2] to perform   5
    divination;
Oníkoromẹ̀bí, husband of an adulterous wife.
It was because of the incessant adultery of his wife that
    Oníkoromẹ̀bí performed divination.

[87]

Ìgbà tí ó fíyà jẹ obìnrin náà tán,
Ó gbé e jù, ágbàlá,
Ó sì dè é lókùn mọ́lẹ̀.   10
Ní àgbàlá ni Oníkoromẹ̀bí fi ìyàwóo rẹ̀ sí,
Tí ó fí lọ sọ́dọ̀ Àgbìgbònìwọ̀nràn.
Lọ lèé bIfá léèrè.
Àgbìgbó ní kí Oníkoromẹ̀bí ó ṣe sùúrù,
Ó ní ẹni ti ó toríi rẹ̀ bIfá léèrè   15
Mbẹ lórídè nínú àgbàlá.
Ìgbà tí Oníkoromẹ̀bí gbọ́,
Ojú tì í,
Kò leè lọ tú ìyàwóo rẹ̀ sílẹ̀ mọ́,
Ó ní kí Àgbígbò ó lọ bá òun tú u sílẹ̀.   20
Ìgbà tí Àgbígbò débẹ,
Dípòó kí ó tu obìnrin náà sílẹ̀
Fífẹ́ ní ńfẹ́ ẹ.
Ni aya Oníkoromẹ̀bí bá mẹ́kún,
Ó fi dígbe;   25
Ó fi ìyẹ̀rẹ̀ ṣohùn arò;
Awo kìí sunkún ìpín làlúú já.
Ó ní keesekeese lẹ ti ńrí,
Kàasàkàasà ḿbọ̀ lẹ́yìn,
Kàasàkàasà babaa keesekeese;   30
A díá fágbìgbò nìwọ̀nràn
Eyí tí ńṣawoó lọ sílé Oníkoromẹ̀bí.
Oníkoromẹ̀bí abayaá kọ́kọ.
Fífẹ́ ní ńfẹ́ mi o,
Fífẹ́ ní ńfẹ́ mi,   35
Àgbìgbò nìwọ̀nràn ò tú mi sílẹ̀,
Fífẹ́ ní ńfẹ́ mi.

(d)

Omii ṣẹ́lẹ̀rú ò mu kèǹgbè;
A díá fún Àgbìgbò nìwọ̀nràn
Tíí ṣe ọmọkùnrin ìgbẹ́pósí.
Bí Àgbìgbò bá gbẹ́ pósí kalẹ̀ tán,
Ojúde ẹni tí ó bá gbé e sí,   5

[88]

After he had punished the woman,
He dumped her into his backyard,
And tied her down there with a rope.   10
It was there in the backyard that *Oníkorom̀ebí* left his wife,
And he went to see *Àgbìgbòniẁọnràn*
In order to perform divination.
Àgbìgbò warned *Oníkorom̀ebí* to be careful.
He said that the person on account of whom divination was
    performed   15
Was inside the backyard tied down with a rope.
When *Oníkorom̀ebí* heard this,
He was ashamed,
And he could not untie the woman by himself.
He therefore begged *Àgbìgbò* to help him untie her.   20
When *Àgbìgbò* got there,
Instead of untieing the woman,
He started to cohabit with her.
The wife of *Oníkorom̀ebí* wept
Instead of crying aloud.   25
She chanted *ìyèrè*[3] instead of wailing loudly;
Ifá priests do not chant the dirges of destiny[4] across the city.
She said, "You have been seeing bad things,
Worse things are yet to come.
Worse things, the father of bad things.   30
Ifá divination was performed for *Àbìgbòniẁọnran*
Who was going to the house of *Oníkorom̀ebí* to perform divination.
Oníkorom̀ebí, husband of an adulterous wife.
He is having sex with me.
He is having sex with me.   35
Àbìgbòniẁọnran does not untie me.
He is having sex with me."

(d) Àgbìgbòniẁọnràn, *The Maker of Coffins*

Spring water cannot cover up a water gourd.[1]
Ifá divination was performed for *Àgbìgbòniẁọnràn*
The strong man who carved coffins.[2]
After *Àgbìgbò* had finished carving a coffin,
He would go and place it outside a man's house.   5

[89]

Ikú ní láti pa olúwaarẹ̀.
Ìgbà tí Agbìgbò nìwọ̀nràn gbẹ́ pósí tán,
Ló bá gbé e,
Ó di ọ̀nà ilé Ọ̀rúnmìlà.
Ọ̀rúnmìlà lálàá ikú mójú ọjọ́ náà.   10
Ló bá gbé Ifáa rẹ̀ kalẹ̀,
Ó bi í léèrè nípa àlá tí ó lá,
Ifá ní kí Ọ̀rúnmìlà ó sáré rúbọ.
Ìgbà tí ó rú u tán,   15
Wọ́n gbé ẹbọ náà lọ sí ìdí Èṣù.
Láìpẹ́, Àgbìgbò gbé pósí dé ojúde Ọ̀rúnmìlà.
Ó bá Èṣù lójúde.
Èṣù ní kín ni Àgbìgbò ó kì sínúu pósí náà.
Àgbìgbó dáhùn pé Ọ̀rùnmìlà ni.
Èṣú wáá bi í léèrè pé,   20
Kín ní ohun orò tí yóó gbà
Tí kò fi níí mú Ọ̀rúnmìlà lọ.
Ó ní òun ó gba eku àti ẹyẹ àti ẹran.
Èṣú dá a lóhùn pé gbogboo rẹ̀ náà
Ni Ọ̀rùnmìlà ti fi kún ẹbọ rú.   25
Ni Èṣù bá kó gbogboo rẹ̀ jáde fún Àgbìgbò
Hàùn tí Àgbìgbó kó gbogboo rẹ̀,
Ló bá gbé pósíi rẹ̀ ńlẹ̀,
Ó sì kọri sí ọ̀nà ibòmíì.
Ìgbà tí ó lọ tán,   30
Èṣù ní kò gbọdọ̀ sọ pósí náà kalẹ̀ mọ láéláé.
Títí di òní olóníì,
Pósí náà ńbẹ lórí Àgbìgbò.
Ìgbà tí inú Ọ̀rúnmìlà dùn tán,
Ijó ní ńjo,   35
Ayọ̀ ní ńyọ̀.
Ó ní bẹ́ẹ̀ gẹ́gẹ́ ni àwọn awo òún wi.
Omii sẹ́lẹ̀rú ò mu kèǹgbè,
A díá fún Àgbìgbò nìwọ̀nràn,
Tíí ṣe ọmọkùnrin ìgbẹ́pósí.   40
Béku lo ó bàá gbà,
O gbeku,
O máa yàra lọ.
Àgbìgbò nìwọ̀nràn,

[90]

The result would be that that man would die.
When *Àgbìgbò* finished carving a coffin,
He carried it,
And went to Ọ̀rúnmìlà's house.
That night, *Ọ̀rúnmìlà* dreamt of death.   10
In the morning, he took his divination instruments,
And inquired about his dream.
Ifá warned *Ọ̀rúnmìlà* to perform sacrifice immediately.
After he had performed sacrifice,
He carried it to the shrine of *Èṣù*.   15
Before long, *Àgbìgbò* arrived in Ọ̀rúnmìlà's house with his coffin.
And he met *Èṣù* outside the house.
Èṣù asked him what he intended to put inside the coffin.
And *Àgbìgbò* replied that *Ọ̀rúnmìlà* was the one.
Then, *Èṣù* inquired further from him   20
What things he would like to have
So that he would leave *Ọ̀rúnmìlà* untouched.
He said that he would take a rat, a bird and an animal.
Èṣù replied that all those things
Were included in Ọ̀rúnmìlà's sacrifice.   25
Èṣù then brought those things out for *Àgbìgbò*,
Who gathered the materials hurriedly,
Lifted up his coffin,
And went to another place.
When he was out of sight,   30
Èṣù commanded that he should never be able to put down the
    coffin.
Up till this very day,
The coffin is still on Àgbìgbò's head.
When *Ọ̀rúnmìlà* became happy,
He started to dance,   35
He started to rejoice.
He said that was exactly what his Ifá priests predicted.
"Spring water cannot cover up a water gourd.
Ifá divination was performed for *Àgbìgbòniwọ̀nràn*
Who was the strong man who carved coffins.   40
If it is a rat that you would take,
Take the rat,
And go away.
We implore you, *Àgbìgbòniwọ̀nràn*,

Gbẹ́rù ẹ,   45
Gbẹ́rù ẹ,
Awà ò rà.
Béja lo ó bàá gbà,
O gbẹja,
O máa yára lọ.   50
Àgbìgbò nìwọ̀nran
Gbẹ́rù ẹ,
Gbẹ́rù ẹ,
Àwa ò rà.
Bẹ́ran lo ó bàá gbà,   55
O gbẹran,
O máa yára lọ.
Àgbìgbò nìwọ̀nràn
Gbẹ́rù ẹ o,
Gbẹ́rù ẹ,   60
Àwa ò rà.

[92]

Take away your load.   45
Take away your load.
We will have nothing to do with it.
If it is a fish that you would take,
Take the fish,
And go away.   50
We implore you, *Àgbìgbonìwọ̀nràn*,
Take away your load.
Take away your load.
We will have nothing to do with it.
If it is an animal that you would take.   55
Take the animal,
And go away.
We implore you, *Àgbìgbonìwọ̀nràn*,
Take away your load.
Take away your load.   60
We will have nothing to do with it."

VIII *Okanran Mèjì*

(a)

Ọtàtà gíẹ́gíẹ́;
A díá fákùkọ gàgà,
Ó jí ní kùtùkùtù,
Ó ńfomi ojúú sọ̀gbére aya.
Òún le ríre obìnrin báyìí?   5
Ni àkùkọ́ dáfá sí.
Wọ́n ní kí ó rúbọ.
Ìgbà ti ó rúbọ tán,
Kèè pẹ́,
Kèè jìnà,   10
Ló bá pàdé àgbébọ̀ lọ́nà,
Ní wọ́n bá fẹ́ araa wọn.
Ìgbà tí inúu rẹ̀ẹ́ dùn tán,
Ó ní Ọtàtà gíẹ́gíẹ́;
A díá fákùkọ gàgà,   15
Ó jí ní kùtùkùtù,
Ó ńfomi ojúú sọ̀gbérè aya.
Kèè pẹ́,
Kèè jìnà,
Ẹwáá bá ni lárùúṣẹ́gun.   20

(b)

Bẹ́lẹ́bọ ò pe ni,
Àsèfín ò yẹ ni;
Ọ̀ràn tí ò sunwọ̀n,
Konko ǹṣojú;
A díá fÉjì Ọ̀kànràn   5
Tí ńrelé Ìtilẹ̀.
Wọ́n ní kí Èjì Ọ̀kànràn ó rúbọ.
Nípa ǹkan babaa rẹ̀ kan
Tí wọ́n fẹ́ẹ́ gbà lọ́wọ́ọ rẹ̀.
Ó sì rú u.   10
Ìgbà ó rúbọ tán,
Ó sì ní ìṣẹ́gun.
Ó ní bẹ́ẹ̀ gẹ́gẹ́ ni àwọn awo òún wí.

[94]

VIII Okanran Mèjì

(a) The Tall Cock, Husband of Hen

The fast-moving but powerless one,
Performed Ifá divination for the tall Cock
Who woke up early in the morning
Weeping because he had no wife.
Could he possibly have a wife?   5
That was why he performed divination.
He was told to perform sacrifice.
After he had performed sacrifice,
Before long,
At no distant date,   10
He met the Hen on the road,
And they married each other.
When he became happy,
He said, "The fast-moving but powerless one,
Performed Ifá divination for the tall Cock   15
Who woke up very early in the morning
Weeping because he had no wife.
It is not a long time,
It is no distant date,
Come and find us conquering with sacrifice."   20

(b) Èjì Ọ̀kànràn. The Landlord Of Ìtilẹ̀

If the host does not invite one to his party,
It is not an honourable thing to be present;
When a man does a shameful thing,
He wears a hard and shameless face.
Ifá divination was performed for Èjì Ọ̀kànràn[1]   5
Who was going to the city of Ìtilẹ̀[2]
Èjì Ọ̀kànràn was told to perform sacrifice
Because of a certain thing belonging to his father,
Which they wanted to snatch away from him.
And he performed sacrifice.   10
After performing the prescribed sacrifice,
He triumphed over his enemies.
He said that was exactly what his Ifá priests predicted.

Bẹ́lẹ́bọ ò pe ni,
Àsèfín ò yẹ ni;   15
Ọ̀ràn tí ò sunwọ̀n,
Konko ǹṣojú;
A díá fún Èjì Ọ̀kànràn
Tí ńrelé Ìtilẹ̀.
Ẹ sáà jẹ́ ó mọ́ọ rìn,   20
Ẹ jẹ́ ó mọ́ọ yàn,
Èjì Ọ̀kànràn donílẹ̀.
Ẹ jẹ́ ó mọ́ọ rìn,
Ẹ jẹ́ ó mọ́ọ yan.

(c)

Ò rómi níwájú tẹsẹ̀ bẹrẹ̀;
A díá fún ìyálóde Ìpo.
Ó yàgàn,
Ó yàpáta,
Ó rọ́mọ léyìn adìẹ,
Ó bú púrú sẹ́kún.   5
Wọ́n ní ìyalóde Ìpo ó bìímọ,
Ṣùgbọ́n kí ó rúbọ.
Ó rúbọ,
Ó sì bí ọ̀pọ̀lọpọ̀ ọmọ.   10
Ijó ní ńjó,
Ayọ̀ ní ńyọ̀;
Ó ńyin àwọn awoo rẹ̀,
Àwọn awoo rẹ̀ ńyin Ifá.
Ó ní bẹ́ẹ̀ gẹ́gẹ́ ni àwọn awo òun   15
Ńṣenu rereé pefá.
Ò rómi níwájú tẹsẹ̀ bẹrẹ̀
A díá fún ìyálóde Ìpo.
Ó yàgàn,
Ó yàpáta,   20
Ó rọ́mọ léyìn adìẹ,
Ó bú púrú sẹ́kún.
Kèè pẹ́ o.
Kèè jìnà,
Ẹ wáá bá ni ní màrínrín ọmọ.   25

"If the host does not invite one to his party,
It is not an honourable thing to be present.   15
When a man does a shameful thing,
He wears a hard and shameless face.
Ifá divination was performed for Èjì Ọkànràn
Who was going to the city of Ìtilẹ
Just let him walk in peace,   20
Let him move freely with pride.
Èjì Ọkànràn has become a landlord.
Let him walk about in peace.
Let him move freely with pride."

(c) The Ìyálóde Of The City Of Ìpo Who Was As Barren As Rock

He who sees water in front and dips his feet into the mud,
Performed Ifá divination for the Ìyálóde¹ of the city of Ìpo.
She was barren;
Barren like rock
Yo the extent that when she saw chicks with a hen,   5
She burst into tears.²
The Ìyálóde of the city of Ìpo was told that she would have
   children
But she was warned to perform sacrifice.
She performed sacrifice,
And had very many children.   10
She started to dance,
She started to rejoice.
She praised her Ifá priests,
And her Ifá priests praised Ifá.
She said that was exactly how her Ifá priests   15
Employed their good voices in praise of Ifá.
"He who sees water in front and dips his feet into the mud,
Performed Ifá divination for the Ìyálóde of the city of Ìpo.
She was barren;
Barren like rock   20
To the extent that when she saw some chicks with a hen,
She burst into tears.
Before long,
At no distant date,
Come and find us amidst plenty of children."   25

Òkànràn kan níhìín,
Òkànràn kan lóhùún,
Òkànrán di méjì, a dire;
A díá fún Ṣàngó, Olúòrójò,
'Bámbí, ọmọ Arígbọọta-ṣẹ́gun.　　　　　5
Nígbà tí ńlọ gbÓya níyàwó.
Wọ́n ní kí Ṣangó ó ṣe sùúrù o.
Wọ́n ní obìnrin tí ó ńlọọ fẹ́.
Ní kàdárà ju òun gaan alára lọ.
Ṣangó ní òun ò níí rúbọ.　　　　　10
Ó ní bóo ni kàdárà obìnrin òun
Ó ṣe ju ti òun lọ.
Bí Ṣàngó bá ti ju ẹdùn sí ibì kan,
Gbogbo aráyé a sì figbee rẹ̀ bọnu.
Ṣùgbọ́n bí Ọya, obìnrin rẹ̀,　　　　　15
Bá pa èèyan méjì lójọ́ kan ṣoṣo,
Ẹnì kan kò níí gbọ́.
Bí ó wù ú,
A fẹ́ lu ìgàná,
A wó pa èèyàn mọ́lẹ̀.　　　　　20
Bó wù ú,
A wó igi pa èèyan lọ bẹẹrẹ.
Ṣùgbọ́n bí Ṣàngó bá pa ẹyọ ẹnì kan ṣoṣo,
Gbogbo aráyé ní ó gbọ́ọ́.
Ó ní bẹ́ẹ̀ gẹ́gẹ́ ni àwọn awo òún　　　　　25
Ńṣẹnu rereé pefá.
Òkànràn kan níhìín
Òkànràn kan lóhùún
Òkànrán di méjì, a dire;
A díá fún Ṣàngó, Olúòrójò,　　　　　30
'Bámbí, ọmọ Arígbọọta-ṣẹ́gun,
Nígbà tí ńlọọ gbÓya níyàwó.
Ayá rorò jọkọ lọ ò,
Ayá rorò jọkọ lọ.
Ọya ló rorò ju Ṣàngó,　　　　　35
Ayá rorò jọkọ lọ.

(d) Qya *Is More Dangerous Than* Ṣàngó; *The Wife Is More Dangerous Than The Husband*

When we see one Ọ̀kànràn this way,
And we see another Ọ̀kànràn that way,
The signature is that of Ọ̀kànràn *Méjì* which means good luck.
Ifá divination was performed for *Ṣàngó,* nick-named *Olúòrójò.*[1]
'Bámbí,[2] offspring of those who use two hundred thunder stones
    to defeat their enemies.   5
When he was going to marry *Ọya*[3] as a wife.
Ṣàngó was told to be very careful
Because the wife he was going to marry
Would be more successful than he.
But *Ṣàngó* refused to perform sacrifice.   10
He wondered how his own wife
Could be more successful than himself.
If *Ṣàngó* threw thunder stones into any place,
Everybody would start shouting his name.
But if *Ọya,* his wife,   15
Killed two people the same day,
Nobody would hear of the incident.
If she liked,
She would blow a strong wind against a wall,
And the wall would fall on people and kill them.   20
If she liked,
She would fell trees on many people, and kill them.
But if *Ṣàngó* kills only one person,
All the world would hear of the incident.
He said that was exactly how his Ifá priests   25
Employed their good voices in praise of Ifá.
"When we see one Ọ̀kànràn this way,
And we see another Ọ̀kànràn that way,
The signature is that of Ọ̀kànràn *Méjì* which means good luck.
Ifá divination was performed for *Ṣàngó,* nick-named *Olúòrójò,*   30
'Bámbí, offspring of those who use two hundred stones to defeat
    their enemies.
When he was going to marry *Ọya* as a wife.
The wife is more dangerous than the husband.
The wife is more dangerous than the hundred.
Ọya is more dangerous than *Ṣàngó.*   35
The wife is more dangerous than the husband."

[99]

IX *Ogunda Méjì*

(a)

Ó ṣe fírí kọjánà;
A díá fún Ọ̀rúnmìlà,
Ifá ńlọ lèé gbỌ̀jòǹtarìgì,
Obìnrin Ikú.
Ọ̀jòǹtarìgì nìkan náà ni obìnrin Ikú.   5
Ọ̀rùnmìlá sì fẹ́ẹ́ gbà á lọ́wọ́ Ikú.
Wọ́n ní kí Ọ̀rúnmìlà ó rúbọ.
Ó sì rú u.
Ìgbà tí ó rúbọ tán,
Ló bà gba Ọ̀jòǹtarìgì lọ́wọ́ Ikú.   10
Ni Ikú bá mú kùmọ̀ọ rẹ̀,
Ó kọrí sílé Ọ̀rúnmìlà.
Ó sì bá Èṣù lójúde.
Èṣù ní "ńlẹ́ o,
Ikú, Òjẹ̀pẹ́, aláṣọ osùn".   15
Ìgbà tí wọ́n kí araa wọn tán,
Èṣù ní "níbo lò ńlọ̀?"
Ikú ní òun ńlọ ilé Ọ̀rúnmìla ni.
Èṣú ní "kín ló dé?"
Ikú ní ó gba òun lóbìnrin ni,   20
Lónìí ni òun ó sì pa á.
Ni Èṣú bá ní kí Ikú ó jókòó.
Ìgbà tí ó jókòó tán,
Ni Èṣú bá fún un ní jíjẹ àti mímu.
Ìgbà tí Ikú jẹun tí ó yó tán,   25
Ó dìde,
Ó mú kùmọ̀ọ rẹ̀,
Ó ńlọ.
Èṣú ní "níbo ló dà?"
Ikú ní òun ńlọ ilé Ọ̀rúnmìlà ni.   30
Èṣú ni "à maa jẹun ẹni tán, ká tún pa ni?
O ò mọ̀ pé ońjẹ Ọ̀rúnmìlà lo jẹ yìí?"
Ìgbà tí Ikú ò mọ ohun tí yóó ṣe mọ́,
Ó ní "Sọ fún Ọ̀rúnmìlà kí ó mọ́ọ mú obìnrin náà."

XI Ogunda Méjì

(a) Òjòntarìgì, *The Wife Of Death*

He who dashed suddenly across the road,
Performed Ifá divination for *Òrúnmìlà*
Who was going to snatch away *Òjòntarìgì*,[1]
The wife of Death.
Òjòntarìgì was the only wife of Death.   5
Yet *Òrúnmìlà* wanted to snatch her away.
Òrúnmìlà was told to perform sacrifice,
And he performed it.
After he had performed sacrifice,
He snatched *Òjòntarìgì* away from Death.   10
Death then took his club,
And went towards Òrúnmìlà's house.
He met *Èṣù* in front of the house.
Èṣù said, "How are you,
Death, nick-named *Òjèpè*, whose garment is dyed in *osùn*?" 15
After they had exchanged greetings,
Èṣù asked from him, "Where are you going?"
Death answered that he was going to Òrúnmìlà's house.
Èṣù asked, "What is the matter?"
Death said that *Òrúnmìlà* took his wife,   20
And he must kill Òrúnmìlà that very day.
Èṣù then implored Death to sit down.
After he had sat down,
Èṣù gave him food and drinks.
After Death ate to his satisfaction,   25
He stood up,
Got hold of his club,
And started to go.
Then *Èṣù* asked again, "Where are you going?"
Death answered that he was going to Òrúnmìlà's house.   30
Then *Èṣù* said, "How can you eat a man's food and turn round
  to kill him?
Don't you know that the food you have just eaten belongs to
  Òrúnmìlà?"
When Death did not know what else to do,   35
He said, "Tell *Òrúnmìlà* that he can keep the woman."

[101]

Ijó ni Ọ̀rùnmìlà ńjó,   35
Ayọ̀ ni ńyọ̀.
Ó ní ó ṣe fírí kọjánà;
A díá fún Ọ̀rúnmìlà,
Ifá ńlọ lèé gbÒjòntarìgì,
Obìnrin Ikú.   40
Ọ̀ràn tẹ́ ẹ rọ́ kẹ̀kẹ̀ sí,
Alẹ́ àná ni mo fi ṣọ́tí
Ni mo fi mu.
Gbẹrẹfu,
A fọ̀ràn yí mu tábà.   45
Àwá fọ̀ràn yí mu tábà,
A ò kú mọ́.
Gbẹrẹfu,
A fọ̀ràn yí mu tábà.

(b)

Gbòngbò ṣe wọ̀rọ̀kọ̀ fi wọ̀rọ̀kọ̀ jánà;
A díá fékùn
Níjọ́ tí ńlọ oko ọdẹ.
Oko ọdẹ tí òun ńlọ yìí,
Òún lè ríṣe bọ̀ ńbẹ̀?   5
Ni ẹkun dáfá sí.
Wọ́n ní kí ó rúbọ elénìní.
Ẹkùn ní ta ní ó ṣelénìní òun ẹkùn?
Ó ní òun ò níí rú.
Láìpẹ́, ẹkùn kọrí sóko ọdẹ.   10
Èṣú di atẹ́gùn,
Ó tẹ̀lé e.
Ìgbà tí ẹkùún dóko ọdẹ.
Ló bá rí ìrá,
Ó sì pa á.   15
Ńjẹ́ kí ẹkùn ó máa dá ìrá ní inú lu,
Ni Èṣú bá já èso igi àfọ̀n kan,
Ó sọ ọ́ mọ́ ẹkùn ní bàrá ìdí.

[102]

Ọrúnmìlà started to dance,   35
He started to rejoice.
He said, "He who dashed suddenly across the road,
Performed Ifá divination for Ọrúnmìlà
When he was going to marry Òjòntarìgì,
The wife of Death.   40
The matter over which you made a lot of noise,
It was last night that I put it in wine,
And drank it away.
Just like that.
We smoked this matter away with tobacco.   45
We smoked this matter away with tobacco,
We will not die again.
Just like that.
We smoked this matter away with tobacco."

(b) The Lion Refused To Perform Sacrifice

The twisted wooden stump which crosses the road in a crooked
    way.
Ifá divination was performed for the Lion,
On the day he was going into the forest to hunt for animals.
He asked whether the hunting expedition to which he was   5
    going
Would give him abundant rewards.
He performed divination because of that.
He was asked to perform sacrifice so that he might triumph
    over his enemies.
But the Lion boasted that nobody was bold enough to work
    against his interest.   10
He said that he would not perform sacrifice.
Before long, the Lion went into the forest to hunt.
Èṣù turned himself into wind,
And followed him.
When the Lion got into the forest,   15
He saw one ìrá,[1]
And he killed it.
But as he was trying to open up its internal organs.
Èṣù plucked a fruit of the àfọn[2] tree,
And threw it against the Lion's hips.

[103]

Bí ó ti bá ẹkún ní bàrá ìdí tán,
Ẹsẹ̀kẹsẹ̀ ni ẹkùn sá lọ.   20
Kí ó tóó padà dé,
Èṣú ti gbé ẹran lọ.
Ìgbà tí ẹkùn padà dé,
Tí ó wà ìrá títí, tí kò rí i,
Ló bá tún wá ẹran mìíì lọ,   25
Ṣùgbọ́n bákanáà ló já sí.
Ìgbà tí ebí wáá bẹ̀rẹ̀ síí pa ẹkùn,
Eré ló sá rúbọ.
Ìgbà tí ó rúbọ tán,
Ó tún padà lọ sí oko ọdẹ,   30
Èṣù kò sì dẹrú bà á mọ́.
Ijó ní ńjó,
Ayọ̀ ní ńyọ̀.
Ó ní gbòǹgbò ṣe wọ̀rọ̀kọ̀ fi wọ̀rọ̀kọ̀ jánà.
A díá fẹ́kùn   35
Níjọ́ tí ńlọ oko ọdẹ.
Wọ́n ní ó káàkí Mọlẹ̀,
Ó jàre,
Ẹbọ ní ó ṣe.
Kèè pẹ́ o,   40
Kèè jìnà,
Ẹ wáá bá ni ní tìṣẹ́gun.

        (c)

Ògúndájì, awo ìbọn,
Ló dífá fún 'bọn.
Ìbọ́n ńjẹ nírọ̀gbun ọ̀tá.
Wọ́n ní kí ìbọn ó rúbọ,
Kí ó sì máa fọhùn akin jáde lẹ́nu.   5
Ó sì ṣe bẹ́ẹ̀.
Ìgbà tí ìbọ́n rúbọ tán,
Ló bá bẹ̀rẹ̀ síí pa àwọn ọ̀táa rẹ̀
Bí a ńpẹran.
Ó ní Ògúndájì, awo Ìbọn,   10

        [104]

As soon as it landed on his hips,
The Lion ran away.   20
Before he returned,
Èṣù carried away the animal.
When the Lion returned,
And searched for a long time without seeing the animal,
He looked for another animal.   25
But the same thing happened.
When the Lion became very hungry,
He hastened to go and perform sacrifice.
After he had performed sacrifice,
He went back into the forest to hunt for animals,   30
And Èṣù did not frighten him again.
He started to dance,
He started to rejoice.
He said, "The twisted wooden stump which crosses the road in
  a crooked way.
Ifá divination was performed for the Lion   35
On the day he was going into the forest to hunt for animals.
He was told to take care of the divinities.
He was told that it would be a good thing,
If he performed sacrifice.
It is not a long time,   40
It is not a distant date,
Come and meet us in conquest."

(c) It Is The Mouth With Which The Gun Speaks That He Conquers His Enemies

Ògúndájì,[1] Ifá priest of the Gun,
Performed Ifá divination for the Gun
When he was living in the midst of enemies.
The Gun was told to perform sacrifice.
He was also told to speak always like a brave man.   5
And he did so.
After the Gun had performed sacrifice,
He started to kill his enemies
As one kills animals.
He said, "Ògúndájì, Ifá priest of the Gun,   10

Ló díá fúnbọn.
Ìbọ́n ńjẹ nírọ̀gbun ọ̀tá.
Ẹnu tí ìbọ́n fi ńfọhùn,
Ló fi ńṣẹ́gun.

(d)

Pómú pómú sigi sìgì sigi pomu pómú;
A díá fún Ọ̀rúnmìlà,
Ifá ó tafà,
Yóó pakú lóko.
Nǹkan ló dẹrù ba Ọ̀rúnmìlà,   5
Ló bá wálé,
Ó bi òkè Ipọ̀ríi rẹ̀ léèrè wò.
Wọ́n ní ẹbọ ní ó rú.
Ó sì rú u;
Ìgbà tí ó rúbọ tán,   10
Ni àwọn awoo rẹ̀ bá fún un ni ọfà mẹ́ta.
Wọ́n ní kí ó máa ta á káàkiri okoo rẹ̀.
Ìgbà tí ọ̀kan nínú àwọn ọfà náà ó lọ,
Ló bá kọlu Ikú,
Láyà ló gbé bá Ikú.   15
Gbìì tí Ikú lulẹ̀ báyìí,
Ló bá jáde láyé.
Láti oko ni Ọ̀rúnmìlà ti kó ijó wálé.
Ó ní bẹ́ẹ̀ gẹ́gẹ́ ni àwọn awo òún wí.
Pómú pómú sigi sìgì sigi pomu pómú,   20
A día fún Ọ̀rúnmìlà,
Ifá ó tafà,
Yóó pakú lóko.
Olóníímoró tafà,
Ó pakú lóko.   25
Pómú pómú sigi sìgì sigi pomu pómú.

Performed Ifá divination for the Gun
When he was living in the midst of enemies.
It is the mouth with which the Gun speaks
That it conquers its enemies."

(d) Ọrúnmìlà *Shot An Arrow And Killed Death*

The Ifá priest named Pómú-pómú-sigi-sìgì-sigi-pomu-pómú[1]
Performed Ifá divination for *Ọrúnmìlà*
When he shot an arrow
And killed Death on the farm.
Something frightened *Ọrúnmìlà* on the farm.   5
He therefore returned home,
And inquired about it from his Ifá divination instruments.
He was told to perform sacrifice.
And he performed it.
After he had performed sacrifice,   10
His Ifá priests gave him three arrows,
And asked him to shoot them all about his farm.
When one of the arrows was shot,
It hit Death.
It hit Death on the chest.   15
Death fell down with a loud noise,
And he went out of the earth.[2]
It was from that farm that *Ọrúnmìlà* danced homewards.
He said that was exactly what his Ifá priest predicted.
"The Ifá priest named Pómú-pómú-sigi-sìgì-sigi-pomu-pómú   20
Performed Ifá divination for *Ọrúnmìlà*
When he shot an arrow,
And killed Death on the farm.
Olónìímoró[3] shot an arrow,
And killed Death on the farm.   25
We give praise to Pómú-pómú-sigi-sìgì-sigi-pomu-pómú"

X *Osa Méjì*

(a)

Pòòkó nídìí,
Ó fìhà jókòó;
A díá FÓge,
Ó ńsunkún ọmọ́ ròde Ìgbọ́nná.
Ògé ní òún le rọ́mọ bí lóde Ìgbọ́nna báyìf?   5
Wọ́n ní kó rúbọ,
Ó sì rú u.
Ìgbà tí ó bímọ tán lóde Ìgbọ́nná,
Tí inúu rẹ̀ẹ́ dùn tán,
Ó ní bẹ́ẹ̀ gẹ́gẹ́ ni àwọn awo òún wí.   10
Pòòkó nídìí,
Ó fìhà jókòó;
A díá fÓge,
Ó ńsunkún ọmọ́ ròde Ìgbọ́nná.
Yóó gbè yín o,   15
Òge,
Bí à ṣàì gbọmọọ rẹ̀ jẹ́ẹ́jẹ́ẹ́.

(b)

Ọlọ́sẹ̀ẹ́, awo oko;
A díá fówùú,
Èyí tí ó maa fi gbogbo ọmọ ṣòwò àbígbìn.
Òwú ní báwo ni òun ó ṣe máa bí àbíyè báyìf,
Tí ayé kò sì fi níí ríran rí òun?   5
Wọ́n ní kí ó rúbọ.
Ìgbà tí ó rúbọ tán,
Ni wọ́n bá rán Eji wẹ́rẹ́wẹ́rẹ́
Pé kí ó lọ pa òwú,
Àti àwọn ọmọọ rẹ̀.   10
Nígbà náà ni òwú wáá bẹ̀rẹ̀ síí rú.
Wọ́n wáá rán Ìrì wọ̀wọ̀

X Osa Méjì

(a) Òge, The Goddess Of Barren Women

Pòòkǫ¹ has a bottom part,
But it rests on its sides.
Ifá divination was performed for Òge²
When she was weeping because of lack of children to the city of
Ìgbǫnná.³
Òge asked whether she could ever have a child.   5
She was told to perform sacrifice.
And she performed it.
After she had had children in the city of Ìgbǫnná,
And she became happy,
She said that was exactly what her Ifá priests predicted.   10
"Pòòkǫ has a bottom part,
But it rests on its sides.
Ifá divination was performed for Òge
When she was weeping because of lack of children to the city of
Ìgbǫnná.
She will bless all of you.   15
Òge will bless you.
She will not fail to bless her children with ease."

(b) The Cotton Plant

Olǫsèé,¹ Ifá priest of farmland,
Performed Ifá divination for the Cotton Plant
Who was losing all her children by premature death.
The Cotton Plant inquired from her Ifá priests what she must
do in order that her children might survive.
And so that the inhabitants of the earth would not give her any
trouble.   5
She was told to perform sacrifice.
After the Cotton Plant performed sacrifice,
Her enemies sent small particles of rain
To go and destroy her,
As well as her children.   10
But it was at that particular time that the Cotton Plant started
to produce new leaves.
Her enemies then sent severe dew-drops

Pé kí ó lọọ pa òwú.
Nígbà náà ni òwú wáá bẹ̀rẹ̀ síí bímọ.
Lẹ́yìn náà ni wọ́n wáá rán òòrùn 15
Pé kí ó lọọ pòwú.
Ìgbà tí òòrùn ńpòwú
Ní òwú wáá bẹ̀rẹ̀ síí là.
Ó ní bẹ́ẹ̀ gẹ́gẹ́ ni àwọn awo òún wí.
Ọlọ́sẹ̀ẹ́, awo ako; 20
A díá fówùú
Tí ńfi gbogbo ọmọ ṣòwò abígbìn.
Wọ́n réji wẹ́rẹ́wẹ́rẹ́
Pé ó lọ́ọ́ pòwú o,
Òwú ńrú. 25
Wọ́n ránrì wọ̀wọ̀
Pé ó lọ́ọ́ pòwú o,
Òwú ńpalàbà.
Wọ́n róòrùn
Pé ó lọ́ọ́ pòwú o, 30
Òwú ńlà.
Òwú ńrú o,
Òwú ńlà.
Ní ṣojú ẹlẹyẹ lòwú ṣeé là.

(c)

Ọsá yòóò, babalawo ayé,
Ló dífá fáyé.
Wọ́n láyé ó fẹbọ ọlàá lẹ̀,
Ẹbọ ajogun ní ó ṣe.
Njẹ́ àwá ńbẹ, 5
À ńbẹ̀.
Àwá mọ̀ mọ̀ ńbẹ láyé o,
Ayé ò níí parun.

(dó)

Erin ló kú,

[110]

To go and destroy her.
But that was exactly when she started to produce new flowers
    and seeds.
At last, they sent the sun   15
To go and destroy the Cotton Plant.
But as the sun was shining on the Cotton Plant,
She started to open up her buds.
She said that was exactly what her Ifá priests predicted.
"Olósèé, Ifá priest of farmland,   20
Performed Ifá divination for the Cotton Plant
Who was losing all her children by premature death.
They sent small particles of rain
To go and destroy the Cotton Plant.
But she was growing new leaves.   25
They sent severe dew-drops
To go and destroy the Cotton Plant.
But she started to produce new buds and leaves.
They sent the sun
To go and destroy the Cotton Plant.   30
But she opened up her wool.
The Cotton Plant is producing new leaves.
She is producing more wool.
It is in the presence of birds that the Cotton Plant opens up her
    wool."[2]

(c) We Are Pleading That The Earth May Not Be Destroyed

Òsá,[1] the brightly shining one, Ifá priest of the Earth,
Performed Ifá divination for the Earth.
The earth was told to stop performing sacrifices intended to
    make him wealthy,
But to perform instead the sacrifices which would protect him
    against his enemies.
We are certainly alive,   5
And we are pleading
That as long as we remain on the earth,
The earth may never be destroyed."

(d) Ifá And His Three Enemies

When the elephant died,

A méyíin rè gbẹ́ke;
Ẹfòn ló kú,
A máwọọ rè tọ́ pòòlò;
Ọgbọ̀gbọ̀ irá ló kú,   5
A múwoo rẹ kùn lósùn gburu gburu;
A díá fú Ọ̀rúnmìlà,
Ifá ḿbẹ láàrin ọ̀tá mẹ́ta.
Erin, ẹfòn, àti ìrá.
Ọ̀tá Ọ̀rúnmìlà ní wọ́ọ́n ṣe.   10
Ìgbà tí Ọ̀rúnmìlà rúbọ tán,
Láìṣàìsàn, erín kú.
Ọ̀rúnmìlà ní kí wọn ó yọ eyíin rè wá.
Òun ni Ọ̀rúnmìlà fi ṣe irọ́kẹ́.
Ìgbà tí ẹfòọ́n kú.   15
Ọ̀rúnmìlà ní kí wọn ó lọ̀ọ́ tọ́ awọọ rè wá,
Òun ni Ọ̀rúnmìlà fi lé Èṣù lọ́wọ́,
Tí ó fi ńṣe ijàḿbá fún àwọn ẹranko yòókù.
Ìgbà tí ọgbọ̀gbọ̀ irá kú,
Ọ̀rúnmìlà ní kí wọn ó kun ìwoo rẹ̀ lósùn,   20
Òun ni wọ́n sọ di Òòṣà,
Tí wọn ńpè ní Òge.
Gbogbo obìnrin tí kò bá rọ́mọ bí,
Bí wọ́n bá ti bẹ̀ ẹ́
Ó di kí wọn ó máa bímọ.   25
Ó ní bẹ́ẹ̀ gẹ́gẹ́ ni àwọn awo òún wí.
Erin ló kú,
A méyíin rẹ gbẹ́ke;
Ẹfòn ló kú,
A máwọọ rè tọ́ pòòlò;   30
Ọgbọ̀gbọ̀ irá ló kú,
A múwoo rẹ kùn lósùn gburu gburu;
A díá fún Ọ̀rúnmìlà,
Ifá ḿbẹ láàrin ọ̀tá mẹ́ta.
Èrò Ìpo,   35
Èrò Ọ̀fà,
Ògèdèǹgbé nIfá ó fọ̀tá awo ṣe.

We used its tusks to carve delicate objects.
When the bush-cow died,
We used its hides to make *pòòlò*.[1]
When the young *ìrá* died,[2]   5
We took its horns and rubbed them thoroughly with camwood
  ointment.
Ifá divination was performed for *Ọ̀rúnmìlà*
When he was surrounded by three enemies.
The elephant, the bush-cow and *ìrá*
Were the enemies of *Ọ̀rúnmìlà*.   10
After *Ọ̀rúnmìlà* had performed sacrifice,
The elephant died without even falling sick at all.
Ọ̀rúnmìlá then commanded that its tusks should be removed;
And with it, he carved *ìrókẹ̀*.[3]
When the bush-cow died,   15
Ọ̀rúnmìlà ordered that part of its hides be cut.
He then handed it to *Èṣù*
Who used it[4] to endanger the lives of other animals.
When the young *ìrá* died,
Ọ̀rúnmìlà ordered that its horns be rubbed with camwood
  ointment,   20
And they became the symbol of a divinity
Who is known as *Ògè*.[5]
Whenever all women who have no children
Prayed to this divinity,
They would have children.   25
He said that was exactly what his Ifá priests predicted.
"When the elephant died,
We used its tusks to carve delicate objects.
When the bush-cow died,
We used its hides to make *pòòlò*   30
When the young *ìrá* died,
We took its horns and rubbed them thoroughly with camwood
  ointment.
Ifá divination was performed for *Ọ̀rúnmìlà*
When he was surrounded by three enemies.
Travellers to the city of *Ìpo*,   35
Travellers to the city of *Ọ̀fà*,
Ifá will pull down his priest's enemy flat on the ground."

XI *Ika Méjì*

(a)

Òkúta ni ò ṣeé ṣàlégbẹ́ ;
A díá fún yindinyindin
Tí ńfomi ojúú ṣògbérè ọmọ.
Wọ́n ní yindinyindin ó rúbọ,
Wọ́n ní ọ̀pọ̀ nire ọmọ fún un.   5
Ó sì rú u.
Ìgbà ó rúbọ tán,
Ó ní bẹ́ẹ̀ gẹ́gẹ́ ni àwọn awo òún wí.
Òkúta ni kò ṣeé ṣàlégbẹ́;
A díá fún yindinyindin,   10
Òun ṣá ni tìdin
Ayá mọ̀mọ̀ ńbí o,
Ọkọọ rẹ̀ ńpọ̀n
Yindinyindin ṣá ni tìdin.

(b)

Ká fagba fà á,
Ká fìpẹ̀tì fà á;
A díá fún ọkọ̀
Tíí ṣe obìnrin Olúẹri.
Àtagba, àtìpẹ̀tì,   5
Ẹ wáá bá ni mọ́kọ̀ fÓlúẹri.

(c)

Ìwọ lo relé ìká,
Ìwọ lo tọ̀dọ̀ Ìká bọ̀;
A díá fún ṣẹ́ẹ́rẹ́
Tíí ṣe obìnriin Ṣàngó.
Wọ́n ní Ṣàngó ó rúbọ,   5
Wọ́n ní ọ̀pọ̀ ni ire ọmọọ rẹ̀.
Ó sì rú u.

XI Ìká Méjì

(a) *Yindinyindin, Mother Of Countless Children*

The stone is not a suitable support for an art object which is
    being served.[1]
Ifá divination was performed for *Yindinyindin*[2]
Who was weeping because she had no children.
Yindinyindin was told to perform sacrifice.
She was assured that she would have many children.   5
She performed sacrifice.
After she had performed sacrifice,
She said that was exactly what her Ifá priests predicted.
"The stone is not a suitable support for an art object which is
    being carved.
Ifá divination was performed for *Yindinyindin*   10
Who was a relation of maggot.
The wife is bearing children,
And the husband is mounting them on his back.
Yindinyindin is certainly the relation of maggot."

(b) *The Canoe, Wife Of Olúẹri.*

Let us pull it with *agba*[1] rope;
Let us pull it with *ìpẹ̀tì*[2] rope.
Ifá divination was performed for the Canoe
Who was the wife of *Olúẹri*[3]
Both *agba* and *ìpẹ̀tì*,   5
Come and help us take the Canoe to *Olúẹri*.

(c) Ṣẹ́ẹ́rẹ́, *The Wife Of* Ṣàngó

You went to the house of *Ìká*;[1]
You returned from Ìká's abode.
Ifá divination was performed for *Ṣẹ́ẹ́rẹ́*[2]
Who was Ṣàngó's wife.
Ṣẹ́ẹ́rẹ́ was told to perform sacrifice.   5
She was assured that she would have many children
She performed the prescribed sacrifice.

Ìgbà tí séérẹ́ rúbọ tán,
Ló bá bẹ̀rẹ̀ sí ọmọọ́ bí.
Ó ní bẹ́ẹ̀ gẹ́gẹ́ ni àwọn awo òun   10
Ńṣẹnu rereé pefá,
Ìwọ lo relé Ìká,
Ìwọ lo tòdọ̀ Ìká bọ̀;
A díá fún séérẹ́
Tíí ṣe obìnriin Ṣàngó.   15
Èrò Ìpo,
Èrò Ọ̀fà,
Séérẹ́ wáá fìdí balẹ̀,
Ọmọ ló ńkóó jọ.

(d)

Ká gbà á níbùú,
Kà gbà á lóòró;
A díá fáàsẹ̀ gàgà
Tí ńlọ ogun Ìlúrin.
Wọ́n ní kí Ààsẹ̀ ó rúbọ.   5
Ó kọ̀,
Kò rú.
Láìpẹ́ ni àárẹ̀ bá kọ lù ú.
Ìgbà tí ó di pé kò leè dìde mọ́,
Ló bá lọọ́ sáré rúbọ.   10
Wọ́n ní kí ó rú ọrúkọọ̀ kan,
Àti sẹ́rin mẹ́rin.
Sẹ́rin náà tí ó rú
Ni àwọn awoo rẹ̀ kó sí i lára
Tí ńbẹ láraa rẹ̀ dòníolónìí.   15
Ó ní ká gbà á níbùú,
Ká gbà á lóòró;
A díá fáàsẹ̀ gàgà,
Tí ńloogun Ìlúrin
Gbarin kó o dìde,   20
Ààsẹ̀ gàgà,
Gbarin kó o dìde.

[116]

After she had performed sacrifice,
She started to have many children.
She said that was exactly how her Ifá priests 10
Employed their good voices in praise of Ifá.
"You went to the house of Ìká;
You returned from Ìká's abode.
Ifá divination was performed for Ṣẹ́ẹ́rẹ́
Who was the wife of Ṣàngó. 15
Travellers to the city of Ìpo,
Travellers to the city of Ọ̀fà,
Ṣẹ́ẹ́rẹ́ sat down in contentment,
And started to produce many children."

(d) The Door And Its Nails

Let us travel along its breadth;
Let us travel along its length.
Ifá divination was performed for the very tall Door[1]
Who was going to war in the city of iron.
The Door was told to perform sacrifice. 5
He refused.
He did not perform sacrifice.
Before long, he became very sick.
When he could no longer get up,
He hastened to perform sacrifice. 10
He was told to offer one he-goat,
And four pieces of iron for sacrifice.
The pieces of iron which he offered for sacrifice
Were nailed to his body
And they are still there till today. 15
He said, "Let us travel along its breadth;
Let us travel along its length.
Ifá divination was performed for the tall Door
Who was going to war in the city of iron.
Take a piece of iron and get up, 20
The very tall Door,
Take a piece of iron and get up."

XII *Otuurupon Méjì*

Pààká ṣẹ̀yìn kúngíí,
Ó hogójì ńlẹ̀;
A díá fún eníyán,
A bù féníyàn.
Wọ́n ní kí àwọn méjèèjì ó rúbọ.   5
Eníyán ní bí òún bá délé ayé,
Òun ó maa ba ti gbogbo ènìyàn jẹ́ ni.
Ènìyàn náàá ní bi òún bá délé ayé tán,
Ohun tí ó bá wu òun ni òun ó maa ṣe.
Wọ́n ní kí òun náà ó rúbọ.   10
Kò rú,
Ìgbà tí àwọn méjèèjí délé ayé tán,
Ló bá di wí pé bí èèyàn bá bímọ sílẹ̀ tán,
Eníyán ó pa á.
Gbogbo nǹkan tí ènìyàn ní,   15
Ni àwọn eníyán ńbà á jẹ́.
Ni ènìyán bá padà lọ sí oko aláwo.
Ó lọ̀ọ́ rúbọ.
Wọ́n ní kí ó lọ̀ọ́ dá eégún.
Ni ó bá bọ́ sínu ẹ̀kú,   20
Ó ńlọ koroó mọ́ àwọn eníyán.
Ó ní bẹ́ẹ̀ gẹ́gẹ́ ni àwọn awo òún wí.
Pààká ṣẹ̀yìn kúngíí,
Ó hogójì ńlẹ̀;
A díá fún eníyán,   25
A bù féníyàn.
Àwọn méjèèjì ńtikòlé òrun bọ̀ wáyé.
Eníyán ni,
Ènìyàn ni.
Eníyán wọn ò jéníyàn ó nísimi.   30

Arójọ́rọ́jọ́ ewé,

XII Òtúúrupọ̀n Méjì

(a) The Witch And The Human Being

The pààká[1] masquerader with a lump on the back
Picked up forty cowries from the floor.[2]
Ifá divination was performed for the Witch.[3]
Ifá divination was also performed for the Human Being.
Both of them were told to perform sacrifice.   5
The Witch said that whenever she arrived on earth,
She would destroy the handiwork of the Human Being
The Human Being also said that whenever he arrived on earth,
He would do all those things that pleased nim.
He too was told to perform sacrifice.   10
But he refused.
When both of them arrived on earth,
If the Human Being produced a child,
The Witch would kill the child.
All the things owned by the Human Being   15
Were being damaged by the Witch.
Then, the Human Being went back to his Ifá priests,
And performed the sacrifices which he had neglected.
He was also told to go and make Egúngún.[4]
He then entered into the robes of the masquerader,   20
And he started to sing using indirect language against the
     Witch.
He said that was exactly what his Ifá priests predicted.
"The pààká masquerader with a lump on the back
Picked up forty cowries from the floor.
Ifá divination was performed for the Witch;   25
Ifá divination was also performed for the Human Being;
When both of them were coming from heaven to earth.
It is a Witch,
Though in the form of a Human Being.
The Witch does not allow the Human Being to rest."   30

(b) What A Happy Coincidence. The Wife Meets Her Husband
On The Road

The very tough leaf;

Aròjòròjò imò;
Òṣíṣẹ̀ bálẹ̀ rẹ́;
A díá fún Gẹ́lẹ́lóṣe
Tí ńṣawoó ròde Àpíni.   5
Wọ́n ní Gẹ́lẹ́lóṣe ó ò ríre obìnrin lóde Àpíni,
Ṣùgbọ́n kí ó rúbọ.
Ó sì rú u.
Ìgbà ó rúbọ tán,
Ó sì bá ire obìnrin pàdé lóde Àpíni.   10
Ó ní bẹ́ẹ̀ gẹ́gẹ́ ni àwọn awo òún wí.
Arójọ́rójọ́ ewé,
Aròjòròjò imò;
Òṣíṣẹ̀ bálẹ̀ rẹ́;
A díá fún Gẹ́lẹ́lóṣe   15
Tí ńṣawoó ròde Àpíni.
Gẹ́lẹ́lóṣe gẹ́gẹ́,
Ìyàwó pàdé ọkọọ rẹ̀ lọ́nà.

(c)

Pèpé, awo ilé;
Òtìtà, awo òde;
Alápàáǹdẹ̀dẹ̀ ló kọ́lé tán,
Ló kojúu rẹ̀ sódòòdo,
Kò kanmi, kò kànkè.
Ó wáá kojúu rẹ̀ sódòòdo;   5
A díá fún Oyèépolú,
Ọmọ iṣòrò nÍfẹ̀,
Èyí tí iyáa rẹ̀ ó fi sílẹ̀
Ní òun nìkan ṣoṣo lénje lénje.
Ìgbà tí Oyèépolú dàgbà tán,   10
Kò mọ ohun orò ilée babaa rẹ̀ mọ́.
Gbogbo nǹkaan rẹ̀ wáá dàrú.
Ó wá obìnrin, kò rí;
Bẹ́ẹ̀ ni kò rí ilé gbé.
Ló bá mẹ́ẹ̀jì kẹ́ẹ̀ta,   15
Ó looko aláwo.
Wọ́n ní gbogbo nǹkan orò ilée babaa rẹ̀
Tó ti gbàgbé

[120]

Aròjọ̀rọ̀jọ̀ imọ̀;
Òṣísẹ̀ bálẹ̀ rẹ́;
A díá fún Gẹ́lẹ́lóṣe
Tí ńṣawoó ròde Àpíni.   5
Wọ́n ní Gẹ́lẹ́lóṣe ó ò ríre obìnrin lóde Àpíni,
Ṣùgbọ́n kí ó rúbọ.
Ó sì rú u.
Ìgbà ó rúbọ tán,
Ó sì bá ire obìnrin pàdé lóde Àpíni.   10
Ó ní bẹ́ẹ̀ gẹ́gẹ́ ni àwọn awo òún wí.
Arójọ́rójọ́ ewé,
Aròjọ̀rọ̀jọ̀ imọ̀;
Òṣísẹ̀ bálẹ̀ rẹ́;
A díá fún Gẹ́lẹ́lóṣe   15
Tí ńṣawoó ròde Àpíni.
Gẹ́lẹ́lóṣe gẹ́gẹ́,
Ìyàwó pàdé ọkọọ rẹ̀ lọ́nà.

(c)

Pèpé, awo ilé;
Òtità, awo òde;
Alápàáǹdẹ̀dẹ̀ ló kọ́lé tán,
Ló kọjúu rẹ̀ sódòòdo,
Kò kanmi, kò kànkè.   5
Ó wáá kọjúu rẹ̀ sódòòdo;
A díá fún Oyèépolú,
Ọmọ ìṣòrò nÍfẹ̀,
Èyí tí ìyáa rẹ̀ ó fi sílẹ̀
Ní òun nìkan ṣoṣo lénje lénje.   10
Ìgbà tí Oyèépolú dàgbà tán,
Kò mọ ohun orò ilée babaa rẹ̀ mọ́.
Gbogbo nǹkaan rẹ̀ wáá dàrú.
Ó wá obìnrin, kò rí;
Bẹ́ẹ̀ ni kò rí ilé gbé.   15
Ló bá mééjì kẹ́ẹ̀ta,
Ó looko aláwo.
Wọ́n ní gbogbo nǹkan orò ilée babaa rẹ̀
Tó ti gbàgbé

The very tough palm frond;
He whose foot-prints quickly disappear on sand.
Ifá divination was performed for Gẹ́lẹ́lọ́ṣe[1]
Who was going to perform divination at Àpíni.[2]   5
Gẹ́lẹ́lọ́ṣe was told that he would have a wife at Àpíni
But he was warned to perform sacrifice.
And he performed the prescribed sacrifice.
After he had performed sacrifice,
He had a wife at Àpíni.   10
He said that was eaxctly what his Ifá priests predicted
"The very tough leaf;
The very tough palm frond;
He whose foot-prints quickly disappear on sand.
Ifá divination was performed for Gẹ́lẹ́lọ́ṣe   15
Who was going to perform divination at Àpíni.
What a happy coincidence.
The wife meets her husband on the road."

(c) Oyèépolú, Offspring Of Those Who Perform The Ancient Rites of the City of Ifẹ̀

Pèpé,[1] Ifá priest of the inside of the house;
Òtìtà,[2] Ifá priest of Outside;
It is the sparrow which builds its own nest
And puts its entrance face-down in a curve;
The nest neither touches water nor rests on dry land;   5
But its entrance points down in a curve.
Ifá divination was performed for Oyèépolú,[3]
Offspring of those who perform the ancient rites of Ifẹ̀;
Whose mother left all alone
When he was very young.   10
When Oyèépolú grew up,
He did not know all the rites of his family.
His life became unsettled.
He sought a wife to marry but found none.
And he did not have peace in his own home.   15
He therefore added two couries to three
And went to an Ifá priest to perform divination.
He was told that it was because of the ancient rites of his family
Which he had forgotten

Ló ńdà á láàmú.　　　　　　　　　　　　　　20
Wọ́n ní kí ó lọ
Sí ojú oórì àwọn babaa rẹ̀
Kí ó máa lọ̀ọ́ júbà.
Ìgbà tí ó ṣe bẹ́ẹ̀ tán,
Ló wáá bẹ̀rẹ̀ síí gbádùn araa rẹ̀.　　　　　25
Ó ńlájé,
Ó lóbìnrin,
Ó sì bímọ pẹ̀lú.
Ó ní bẹ́ẹ̀ gẹ́gẹ́ ni àwọn awo òún wí.
Pèpé, awo ilé;　　　　　　　　　　　　　30
Òtità, awo òde;
Alápàáńdẹ̀dẹ̀ ló kọ́lé tán,
Ló kọjúu rẹ̀ sódòòdo;
Kò kanmi, kò kànkè,
Ó wáá kọjúu rẹ̀ sódòòdo.　　　　　　　35
A díá fÓyèépolú,
Ọmọ ìṣòrò nÍfẹ̀,
Òyèépolú ò mọ̀kan.
Bépo lẹ̀ ẹ́ kọ́ọ́ taálẹ̀ ni,
Èmi ò mọ̀.　　　　　　　　　　　　　　40
Bóbì lẹ̀ ẹ́ kọ́ọ́ fíí lélẹ̀ ni,
Èmi ò mọ̀.
Bọ́tí lẹ̀ ẹ́ kọ́ọ́ taá lẹ̀ ni,
Èmi ò mọ̀.
Oyèépolú ò mọ̀kan.　　　　　　　　　45
Gbogbo ìṣòrò ọ̀run,
Ẹ súré wá,
Ẹ wáá gborò yí ṣe.

    (*d*)

Ọlọ́gbọ́n kan ò ta kókó omi sétí aṣọ,
Ọ̀mọ̀ràn kan ò mọye èèpẹ̀ẹ̀ 'lẹ̀;
A díá fórí,
A bù fúnwà.
Orí ní ire gbogbó lè tó òun lọ́wọ́ báyìí?　　　5
Wọ́n ní ó rúbọ.

[122]

That he was in such confusion. 20
He was told to go
To the graves of his fathers,
And ask his ancestors for power and authority.
After he had done so,
He started to enjoy his own life. 25
He had money,
He married a wife,
And he produced children as well.
He said that was exactly what his Ifá priests predicted.
"*Pèpé*, Ifá priest of the inside of the house; 30
Òtìtà, Ifá priest of Outside.
It is the sparrow which builds its own nest
And puts its entrance face-down in a curve;
The nest neither touches water nor rests on dry land;
But its entrance points down in a curve. 35
Ifá divination was performed for *Oyèépolú*,
Offspring of those who perform the ancient rites of *Ifè*;
Oyèépolú did not know anything.
If oil is the first thing to be poured on the ground,
I do not know. 40
If kolanut is the first thing to be put on the ground,
I do not know.
If wine is the first thing to be poured on the ground,
I do not know.
Oyèépolú did not know anything. 45
All the divinities and ancestors of heaven,
Hasten here,
And help us perform this ritual."

(*d*) Orí, *The Divinity Responsible For Predestination*

No wise man can tie water into a knot on the edges of his
    garment.
No sage knows the number of the grains of sand on the earth.
Ifá divination was performed for *Orí*,[1]
Ifá divination was also performed for Character.
Orí asked from his diviners whether he could have all the good
    things of life. 5
He was asked to perform sacrifice,

Ó sì rú u.
Ìgbà tí ó rúbọ tán,
Ó sì ní gbogbo ire tí ó ńfẹ́.
Ó ní bẹ́ẹ̀ gẹ́gẹ́ ni àwọn awo òun
Ńṣẹnu rereé pefá.
Ọlọ́gbọ́n kan ò ta kókó omi sétí aṣọ,
Ọmọ̀ràn kan ò mọye èèpẹ̀ẹ̀ 'lẹ̀;
A díá fórí,
A bù fúnwà.
Orí pẹ̀lẹ́ o,
Orí àbíyè.
Ẹni orí bá gbẹbọọ rẹ̀,
Kó yọ̀.

10

15

And he performed it.
After he had performed sacrifice,
He had all the good things that he wanted.
He said that was exactly how his Ifá priests   10
Employed their good voices in praise of Ifá.
"No wise man can tie water into a knot on the edges of his
    garment.
No sage knows the number of the grains of sand on the earth.
Ifá divination was performed for *Orí.*
Ifá divination was also performed for Character.   15
Orí, we hail you;
You are the one who allows children to be born alive.
A person whose sacrifice is accepted by *Orí*
Should rejoice exceedingly."

XIII *Otua Méjì*

Ayóóró ẹnu,
Ayòòrò ẹnu,
Èbìtì ẹnu ò tàsé;
Ẹnu ofóró níí pofóró,
Ẹnu ofòrò níí pofòrò,
Ẹnu fórofòro níí pòfóró.   5
A díá fún òkẹ́rẹ́
Tí yóò múlé lẹ́bàá ònà,
Wọ́n ní kí òkẹ́rẹ́ ó ṣọ́ra
Nítorí pé ẹnuu rẹ̀ kò bò.   10
Wón ní kó mọ́ mọọ fi gbogbo ohun tí ó bá rí
Sọ fún èèyàn mọ́.
Òkẹ́rẹ́ ò gbọ́.
Ìgbà tí ó yá,
Ìyàwó òkẹ́rẹ́ bímọ méjì lẹ́ẹ̀kanáà,   15
Ìgbà tí inú òkẹ́rẹ́ dùn tán,
Tó di ọjọ́ kan,
Ó ní Òkẹ́rẹ́ bímọ méjì,
Ilé kún tẹ́tẹ́ẹ́tẹ́,
Gbogbo èrò ònà,   20
Ẹ yà wáá wò ó.
Ìgbà tí àwọn ayé gbọ́,
Wọ́n yà bọ́ sínú ìgbẹ́,
Wọ́n nawọ́ gán ilé òkẹ́rẹ́,
Wọ́n sì tú u wò.   25
Ìgbà tí wọn ó dèé inú ilé òkẹ́rẹ́,
Wọ́n bá ọmọ méjì tí ó bí náà.
Ni wọ́n bá mú wọn lọ sílé.
Ìgbà tí àwọn ọmọ ayé délé,
Wọ́n fi àwọn ọmọ òkẹ́rẹ́ lérí iyán,   30
Wọn sì bá ọbẹ̀ lọ.

Pẹ̀rẹ̀pẹ̀rẹ̀ ni ò tòní sẹ̀;

XIII Òtúá Méjì

(a) Squirrel, The Talkative

The slippery mouth;
The mouth that cannot keep secrets;
The trap set by mouth never fails to catch victims;
It is the mouth of the talkative which kills the talkative;
It is the mouth of he who talks at large which kills he who talks
    at large;   5
It is talking too much which kills the eavesdropper.
Ifá divination was performed for the Squirrel
Who built a nest near the road.
Thd Squirrel was warned to be very careful
Because he could not keep secrets.   10
They warned him not to tell everything that he saw
To other people.
But the Squirrel did not heed the advice.
It then happened
That the Squirrel's wife had two children at the same time.   15
When he became very happy,
On a certain day,
He said, "The Squirrel had two children,
The house is full of children.
All travellers going on the road,   20
Come and see."[1]
When human beings saw this,
They stepped into the bush,
Got hold of the Squirrel's nest,
And examined it.   25
When they looked inside,
They found the two young ones,
And took them home.
When they got home,
They put the children of the Squirrel on top of pounded yam,   30
And they disappeared with soup."[2]

(b) How Òtúá Became A Rich Man

It is not today that dew started to fall.

A díá fún Òtúá
Tí ńṣawoó ròde Ìpàpó.
Òtúá ní òún le là
Ní ibi tí òun ńlọ báyìí?   5
Wọ́n ní bí ó bá leè rúbọ dáadáa.
Ọlà ní ó kòó bọ̀ níbi tí ó ńlọ.
Ìgbà tí ó rúbọ tán,
Ó ṣì rí gbogbo ọlà náà.
Ó ní bẹ́ẹ̀ gẹ́gẹ́ ni àwọn awo òún wí.   10
Pẹ̀rẹ̀pẹ̀rẹ̀ ni ò tòní sẹ̀;
A díá fún Òtúá
Tí ńṣawoó ròde Ìpàpo.
Kùtùkùtù òní o,
Ìre Ọsẹ̀ẹ̀rẹ̀mọ̀gbò.   15
Àgbà Òtúá wáá ráhun méjì
Nípàpóo 'lé;
Òtúá wáá ráhun méjì,
Ó là yẹbẹyẹbẹ̀.

            (c)

Páńsíkí, páńsíkí ni wọ́ọ́n sínwó orí;
Wòjọ̀wọjọ là á sínkùn ọlà
Bí mo bá là, ma lalàmọ́.
A díá fún Nàná Aáyì
Tíí ṣe ìyá Ìmọ̀le.   5
Wọ́n ní kí Ìmọ̀le ó máa tójú Aáyì dáadáa o.
Kò gbọ́.
Ìgbà tí ebí pa Nàná Aáyì tán,
Ni Ìmọ̀le ò bá rí ojútùú ọ̀ràan rẹ̀ mọ́.
Nígbà tì ọ̀ràn náà ò wọ̀ mọ́,   10
Ni Ìmọ̀le bá mú eéjì kẹ́ẹ́ta,
Ó looko aláwo.
Wọ́n ní Ìmọ̀le ò gbọdọ̀ jẹun.
Tí ilẹ̀ ọjọ́ náà ó fi ṣú.
Wọ́n ní ogbọ̀n ọjọ́ ni   15
Ó ní láti fi gbààwẹ̀.
Ìmọ̀le sì ṣe bẹ́ẹ̀.
Ìgbà tí ó ṣe bẹ́ẹ̀ tán,

            [128]

Ifá divination was performed for Òtúá[1]
Who was going to the city of Ìpàpó[2] to perform divination.
Òtúá asked whether he could become rich
Where he was going.   5
He was told that if he performed sufficient sacrifice,
He would return from his journey with plenty of riches.
After he had performed sacrifice,
He had all the riches promised him.
He said that was exactly what his Ifá priests predicted.   10
"It is not today that dew started to fall.
Ifá divination was performed for Òtúá
Who was going to Ìpàpó to perform divination.
This early morning,
I pray for the blessing of Òsèèrèmògbò[3]   15
Òtúá, the old man, picked up two tortoises
In the city of Ìpàpó.
Òtúá picked up two tortoises,
And became a very rich man."

(c) Why The Muslims Fast

The cowries tied to Orí[1] are closely fastened together;
The okùn[2] beads of a rich man are made into a long dangling
    chain;
If I become rich, I will make my relations rich as well.
Ifá divination was performed for Nàná Aáyì,[3]
Who was the mother of the Muslim.   5
The Muslim was told to take care of Aáyì
But he did not heed the advice.
After Nàná Aáyì had died of hunger,
The life of the Muslim fell into confusion
When the matter became very bad,   10
He added two cowries to three,
And went to an Ifá priest to perform divination.
The Muslim was told not to eat anything
Until the end of the day.
He was also told that for thirty days,   15
He must continue to fast.
And the Muslims did so.
After he had done so,

Ló bá bẹ̀rẹ̀ síí dára fún un.
Ó ní páńsíkí, páńsíkí ni wọ́ọ́n sínwo orí;   20
Wòjòwòjọ là á sínkùn ọlà,
Bí mo bá là ma làlàmọ́;
A díá fún Nàná Aáyì
Tíí ṣe ìyá Ìmọ̀le.
Nàná o,   25
Ìwọ lo jàre.
Nàná, iye ààfáà.
Nàná, ìwọ lo jàre.
Ìmọ̀le,
Lójọ́ wo lẹ ha gbọ́kú Ọlọ́run Ọba?   30
Èkée yín o,
Tẹ́ ẹ fi ńgbààwẹ̀.

(d)

Bí ojú bá rí,
Ẹnu a wí;
Bí ẹnú bá wí,
Ẹnu a sì ya pààrà paara bí aṣọ;
A díá fún Aádùláì   5
Tí ńṣawoó ròde Ìlá.
Wọ́n ní kí àwọn ará òde Ìlá ó rúbọ, olè.
Wọ́n sì rú u.
Ìgbà tí ó yá,
Ni àwọn Aádùláìí bá ta ẹ̀wọ̀n wá láti òde ọ̀run.   10
Kí ilẹ̀ ó tóó mọ́,
Àwọn Aádùláìí ti kó ọ̀rúnlá àwọn ará òde Ìlá lọ.
Ìgbà tí ọ̀ràn náà sú wọn,
Ni wọ́n bá lọ sí oko aláwo.
Wọ́n ní kí ó rúbọ.   15
Ìgbà tí wọ́n rúbọ tán,
Ni Èṣú wáá sọ fún àwọn ará òde Ìlá
Pé ààjìn ni kí wọn ó dìde,
Kí wọn ó lọ sí ibi ọ̀rúnláa wọn
Pẹ̀lú àdá lọ́wọ́.   20
Wọ́n sì ṣe bẹ́ẹ̀.

[130]

Things became better for him.

He said, "The cowries tied to *Orí* are closely fastened together; 20
The *okùn* beads of a rich man are made into a long dangling
    chain;
If I become rich, I will make my relations rich as well.
Ifá divination was performed for *Nàná Aáyì*
Who was the mother of the Muslim.
Nàná, we salute you. 25
Your cause is just.
Nàná, mother of the Muslim priest.
Nàná, your cause is just.
All Muslims,
When did you hear of the death of the Almignty God? 30
You liars;
Or what else makes you fast (for so long)."

(d) *Abdullah And His Gang Of Thieves*

What the eye sees,
The mouth talks about.
When the mouth talks,
It is torn widely open like a piece of cloth.
Ifá divination was performed for *Aádùláì*[1] 5
Who was going to practise his trade in the city of *Ìlá*[2]
The people of *Ìlá* were told to perform sacrifice to prevent an
    impending attack of thieves.
And they performed sacrifice.
When the appointed time came,
The *Aádùláì* gang descend on a chain from the sky. 10
Before day dawned,
They had stolen away the dried okro[3] of the people of *Ìlá*.
When the people of *Ìlá* became alarmed,
They went to an Ifá priest.
They were told to perform sacrifice. 15
After they had performed sacrifice,
Èṣù told the people of the city of *Ìlá*
To wake up in the middle of the night,
And go to the place where they kept their dried okro
Cutlass in hand. 20
They did as they were told.

Láìpẹ́, àwọn Aádùláì sọ̀ kalẹ̀.
Ìgbà tí wọ́n rí àwọn ará òde Ìlá,
Ni wọ́n bá ńyáraá fò mọ́ ẹ̀wọ̀ọn wọn.
Ni àwọn ará òde Ìlá   25
Bá gé ẹ̀wọ̀n àwọn Aádùlàì sí méjì
Pẹ̀lú àdá.
Àwọn tí kò tíì gòkè tán nínúu wọ́n di mímú.
Àwọn ará òde Ìlá wáá nà wọ́n, nà wọ́n,
Wọ́n sì fẹ́ẹ̀ẹ́ di funfun,   30
Wọ́n sì tún fi eérú kùn wọ́n lára.
Wọ́n ní bẹ́ẹ̀ gẹ́gẹ́ ni àwọn awo àwọ́n wí.
Bí ojú bá rí,
Ẹnu a wí,
Bí ẹnu ò bá wí,   35
Ẹnu a sì ya pààrà paara bí aṣọ;
A díá fún Aádùláì
Tí ńṣawó ròde Ìlá.
Ó ní kékeé Ìlá nà 'un nà 'un,
Àgbà Ìlá nà 'un nà 'un,   40
Wọ́n kùn 'un léérú.

Before long, the *Aádùláì* gang of thieves descended.
When they saw the people of *Ìlá*,
They hurried to climb their chain back again.
But the people of *Ìlá*   25
Cut the chain into two
With their cutlass.
Those who had not climbed too far among them were arrested.
The people of *Ìlá* then beat them so thoroughly
That they almost turned white.   30
The people of *Ìlá* then painted them with ashes.[4]
They said that was exactly what their Ifá priests predicted.
"What the eye sees,
The mouth talks about.
When the mouth talks,   35
It is torn wide open like a piece of cloth.
Ifá divination was performed for *Aádùláì*
Who was going to practise his trade in the city of *Ìlá*.
He said that the young people of *Ìlá* beat him and beat him;
The old people of *Ìlá* beat him and beat him   40
And painted him with ashes".[5]

XIV *Irete Méjì*

Àjàlú yékeyéke
Ló díá fún Yanrìn, ọmọ Òṣun,
Àjàlú pẹ̀tẹ̀pẹ̀tẹ̀
A díá fún Ẹrẹ̀, ọmọ Àbàtà.
Kàkà n ò tètè mọ̀,   5
Mbá ṣẹbọ àjàlú soorosáà;
A díá rún kanǹkàn
Tí ńlooko àlerò ọdún.
Wọ́n ní kí àwọn mẹ́tẹ̀ẹ̀ta ó rúbọ.
Yanrìn ò rú,   10
Ẹrẹ̀ ò rú,
Kànǹkan nìkan ló rú.
Àti Ẹrẹ̀ ati Yanrìn,
Wọn ò leè dá ǹkankan ṣe,
Ṣùgbọ́n bí Kanǹkán bá wẹ̀, tó kùn tán,   15
A ní n ò ṣẹbọ àjàlú soorosáà.
Ó ní Àjàlú yékeyéke
Ló díá fún Yanrìn, ọmọ Òṣun;
Àjàlú pẹ̀tẹ̀pẹ̀tẹ̀
Ló díá fún Ẹrẹ̀, ọmọ Àbàtà;   20
Kàkà n ò tètè mọ̀,
Mbá ṣẹbọ àjàlú soorosáà;
A díá fún Kànǹkàn
Tí ǹlooko àlerò ọdún.
Èrò Ìpo,   25
Èrò Òfà,
Ẹ wáá bá ni lárùúṣẹ́gun.

(b)

Bùtùbútù ọ̀nà Ìjẹ̀ṣà lọmọdéé fíí ṣeré,

[134]

XIV Ìrètè Méjì

(a) Sponge, An Instrument Of Cleanliness

The very smart and clean one
Performed Ifá divination for sandy soil, offspring of Ọ̀ṣun[1] river;
The very rough and wet one,
Performed Ifá divination for wet humus soil, offspring of
    marshland;
If I had known,   5
I would have performed sacrifice so that after bathing I would
    jump up with joy.[2]
Ifá divination was performed for Sponge[3]
Who was going on his annual visit to the farm.
The three of them were told to perform sacrifice.
But the sandy soil did not perform sacrifice.   10
The wet humus soil also refused to perform sacrifice.
Only the Sponge performed the prescribed sacrifice.
Both the sandy soil and the wet humus soil
Were unable to get anything done.[4]
But after the Sponge bathed and rubbed herself (with nice
    ointments),   15
She would make a joyful sound.
She said, "The very smart and clean one,
Performed Ifá divination for the sandy soil, offspring of Ọ̀ṣun
    river;
The very rough and wet one,
Performed Ifá divination for the wet humus soil, offspring of
    marshland;   20
If I had known,
I would have performed sacrifice so that after bathing I would
    jump up in joy;
Ifá divination was performed for the sponge
Who was going on his annual visit to the farm.
Travellers to the city of Ìpo,   25
Travellers to the city of Ọ̀fà,
Come and meet us in conquest."

(b) Mọranin, A Wife Of Ọrúnmìlà

The fine sand which children play with on the road to Ìjẹ̀ṣà,[1]

Bí ò bá kọ́mọ ní rírìn ẹsẹ̀,
A kọ́mọ ní yíyan;
A díá fún Ọ̀rúnmìlà,
Ifá ǹlọ lèé fẹ́ Mọranin.   5
Tíí ṣe ọmọ Òòṣà Ìgbòwújìn.
Teégún, tòòṣà ní ǹdú Mọranín.
Ọ̀rúnmìlà ní òun ni òun ó fẹ́ ẹ.
Wọ́n ní ẹbọ ní ó rú.
Ìgbà tí Ọ̀rúnmìlà rúbọ tán,   10
Ọwọ́ọ rẹ̀ ni Mọranín já mọ́.
Ìgbà tì inúu rẹ̀ẹ́ dùn tán,
Ó ní bẹ́ẹ̀ gẹ́gẹ́ ni àwọn awo òún wí.
Bùtùbútù ọ̀nà Ìjẹ̀ṣà tọ́mọdéé fíi ṣeré,
Bí ò bá kọ́mọ ní rírìn ẹsẹ̀,   15
A kọ́mọ ní yíyan;
A díá fún Ọ̀rúnmìlà,
Ifá ǹlọ lèé fẹ́ Mọranin,
Tíí ṣe ọmọ òòṣà Ìgbòwújìn.
Mọranin ó padà wáá fẹ́ mi,
Àyàmọ̀ ṣe bí n ò soyùn mókó.   20
Tinútẹ̀yìn ni labalábáá fíí hOlódùmarè.
Mọranin ó padà wáá fẹ́ mi.
Àyàmọ̀ ṣe bí n ò soyùn mókó.

(c)

Gbẹ́sẹ̀ légi,
Gbẹ́sẹ̀ lé gbòǹgbò;
A díá fún Àdùkẹ́,
Ọmọ olóore àtijọ́tijọ́,
Asẹ̀wà ọ̀sọ̀sọ̀ ríwà.   5
Ó jí ní kùtù,
Ó ǹfomi ojúú sọ̀gbérè ire.
Wọ́n ní kí Àdùkẹ́ ó rúbọ.
Ó sì ṣe bẹ́ẹ̀.
Ìgbà tí ó rúbọ tán,   10
Ó sì lọ́lá,
Ó lówó lọ́wọ́.
Gbogbo ire tí ó ǹwá pátápátá

Teaches some children how to walk,
And other children how to move gracefully.
Ifá divination was performed for Ọ̀rúnmìlà
When he was going to marry Mọranin,   5
The daughter of Òòṣà Ìgbòwújìn²
All the divinities scrambled to marry Mọranin
But Ọ̀rúnmìlà said that he would be the one to marry her.
He was told to perform sacrifice.
After Ọ̀rúnmìlà had performed sacrifice,   10
He succeeded in marrying Mọranin.
When he became very happy,
He said that was exactly what his Ifá priests predicted.
"The fine sand which children play with on the road to Ìjẹ̀ṣà,
Teaches some children how to walk,   15
And other children how to move gracefully.
Ifá divination was performed for Ọ̀rúnmìlà
When he was going to marry Mọranin,
The daughter of Òòṣà Ìgbòwújìn.
Mọranin will come back and marry me.   20
I have decorated my private part with iyùn³ beads
The butterfly shows its abdomen and its back to Olódùmarè⁴
Mọranin will come back and marry me.
I have decorated my private part with iyùn beads.

(c) Àdùkẹ́, *Offspring Of Kind-hearted People*

He who rests his feet on logs of wood;
He who rests his feet on stumps.
Ifá divination was performed for Àdùkẹ̀¹,
Offspring of kind-hearted people of ancient times,
Who cooked maize and beans together in order to live a better
    life.   5
She woke up early in the morning
Weeping because she lacked all good things.
Àdùkẹ̀ was told to perform sacrifice,
And she did so.
After she had performed sacrifice,   10
She became an important person.
She had money.
All the good things she sought after

[137]

Ni ó tẹ̀ ẹ́ lọ́wọ́.
Ó ní bẹ́ẹ̀ gẹ́gẹ́ ni àwọn awo òun   15
Ń̀sẹnu rereé pefá.
Gbẹ́sẹ̀ légi,
Gbẹ́sẹ̀ lé gbòǹgbò;
A díá fÁdùkẹ́,
Ọmọ olóore àtijọ́tijọ́,   20
Asẹ̀wà ọ̀sọ̀sọ̀ ríwà.
Ó jí ní kùtù,
Ó ńfomi ojúu ṣogbérè ire.
Èwà ọ̀sọ̀sọ̀ la sè,
Niré kúnlé piti,   25

(d)

Pááfà tẹ́ẹ́rẹ́;
A díá fún Ẹlẹ́mẹ̀rẹ̀
Tíí ṣe ọ̀rẹ́ Àgbọnnìrègún.
Wọ́n ṣawo lọ sì àpá òkun, ìlàjì ọ̀sà.
Wọn ò rí nǹkan jẹ,   5
Bẹ́ẹ̀ ni ebí sì ńpa wọ́n.
Ní wọn bá lọ́ọ́ sun ilé kan.
Ẹlẹ́mẹ̀rẹ́ ní òun ó dàá ǹkan sílẹ̀ o;
Ló bá ti ọwọ́ bọ àpò,
Ó yọ ọfà èrẹẹ rẹ̀,   10
Ló bá ta á mọ́ ewúrẹ́ kan nínú ilé náà.
Mẹ̀ẹ̀, mẹ́ẹ̀ tí ewúrẹ́ náà ńdún,
Wọ́n ní ẹ tètè dú u,
Ẹ mọ́ jẹ́ẹ́ kí ó kú sí gíífà.
Ni wọ́n bá pa á,   15
Wọ́n sì pín in jẹ.
Bí wọ́n ti pín in jẹ tán,
Ni àrùn àti àìrójú bá dé bá wọn.
Ìgbà tí gbogbo ilé náà ò gbádùn,
Ni wọ́n bá sá tọ Ẹlẹ́mẹ̀rẹ̀ lọ.   20
Ó ní bẹ́ẹ̀ gẹ́gẹ́ ni àwọn awo òún wí.
Pááfà tẹ́ẹ́rẹ́;

Were attained by her.
She said that was exactly how her Ifá priests   15
Employed their good voices in praise of Ifá.
"He who rests his feet on logs of wood,
He who rests his feet on stumps;
Ifá divination was performed for Àdúké,
Offspring of kind-hearted people of ancient times.   20
Who cooked maize and beans together in order to live a better
    life.
She woke up early in the morning,
Weeping because she lacked all good things.
When we cooked maize and beans together,
All the good things of life fill up our home."   25

(d) Ẹlẹ́mẹ̀rẹ̀ *And His Poisoned Arrow*

Pááfà,[1] the tall and slender one,
Performed Ifá divination for *Ẹlẹ́mẹ̀rẹ̀*[2]
Who was a friend of *Àgbọnnìrègún*[3]
Both of them went to a distant place to practise divination.
But they had nothing to eat,   5
And they were hungry.
They then slept in a certain house.
Ẹlémẹ̀rẹ̀ said that he would create a problem for the inmates of
    the house.
He dipped his hands into his pocket,
Took out his poisoned arrow,   10
And shot it against a goat in that house.
When the goat started to shout *mẹ̀ẹ́ẹ̀, mẹ̀ẹ́ẹ̀*,
The inmates said, "Let us kill it quickly
Before it dies without the Muslim blessings."[4]
They therefore killed the goat,   15
Divided it up among themselves and ate it.
Immediately after they ate it,
Diseases and other problems descended upon them.
When the whole house became unwell.
They went to *Ẹlẹ́mẹ̀rẹ̀* in great haste.   20
He said that was exactly what his Ifá priests predicted.
"*Pááfà*, the tall and slender one,

[139]

A díá fún Ẹlẹ́mẹ̀rẹ̀
Tíí ṣe ọ̀rẹ́ Àgbọnnìrègún.
Èrò Ìpo,
Èrò Ọ̀fà,
Aláìkú akápò ni Ifáá ṣe.

25

Performed Ifá divination for *Elémèrè*
Who was a friend of *Àgbọnnìrègún*.
Travellers to the city of *Ìpo*,   25
Travellers to the city of *Òfà*,
Ifá is the immortal diviner."

XV *Ose Méjì*

(a)

Òjììji ò bèrù òfìn;
A díá féwé
Ti ńlọ lèé gbóbì níyàwó.
Ìgbà tí ó yá,
Ewé ní òun ò fẹ́ obì mọ́.
Ló bá kọ obì ìyàwóo rẹ̀ sílẹ̀.
Ìgbà tí obìí lọ tán,
Ló bá bẹ̀rẹ̀ síí gbẹ.
Ìgbà tí òràn náà ò wọ̀ mọ́,
Ni obìí bá tún padà wáá fẹ́ ewé,
Nígbà náà ni ó tóó wáá bẹ̀rẹ̀ síí yẹ ẹ́.
Ó ní Òjììji ò bẹ̀rù òfìn;
A díá féwé
Tí ńlọ̀ gbóbì níyàwó.
Èrò Ìpo,
Érò Òfà,
Ìgbà obìí lóun ò féwé mọ́,
Ṣe bí gbígbẹ ní ńgbẹ.

(b)

Ó ṣẹ́ kóló,
Ó gbokòó;
Ó nà gbàjà,
Ó gbogójì;
Kó tóó dalẹ́,
N ó gbẹgbàá ẹyọ;
A díá fún Olókun, Àjíbáajé.
Ojú ní ńpọ́n Olókun.
Ó ní òún le là báyìí?
Wọ́n ní kí ó tójú àwo èkuru méjọ́.
Àti ọ̀pọ̀ owó àti ẹyẹlé.
Àwọn awoo rẹ̀é ní
Kí ó gbé àwo èkuru mẹ́rin
Lọ sí ilé.
Wọ́n ní kí ó gbé e

[142]

XV Osè Mèjì

(a) Kolanut, The Wife Of Leaf

The shadow does not fear a deep pit.
Ifá divination was performed for Leaf
Who was going to marry Kolanut.[1]
After some time,
Kolanut said that she did not want to marry Leaf any more.   5
She then divorced Leaf.
After Kolanut had left Leaf,
She started to dry up.
When the matter became unbearable,
Kolanut returned to Leaf.   10
It was then that her life became good again.
She said, "The shadow does not fear a deep pit.
Ifá divination was performed for Leaf
Who was going to marry Kolanut.
Travellers to the city of *Ìpo*,   15
Travellers to the city of *Òfà*,
It was when Kolanut divorced Leaf
That she started to dry up."

(b) How Olókun *Became Very Rich In Cowries*

He bent himself double,
And received twenty cowries;
He stretched himself flat on the ground,
And received forty cowries;
Before nightfall,   5
I will receive two thousand cowry shells.
Ifá divination was performed for *Olókun*[1] nick-named *Àjíbáají*.[2]
Olókun was in dire want.
She asked from her diviners whether she could become rich.
She was told to perform sacrifice with eight plates of *èkuru*,[3]   10
Plenty of money and one pigeon.
Her Ifá priest told her
To take four of the eight plates of *èkuru*
To her own house.
She was told to place them   15

Lọ sí ẹ̀kùlée rẹ̀.
Ìgbà tí ilẹ̀ẹ́ mọ́,
Tí ó dé ẹ̀kùlée rẹ̀,
Ó bá ajé tí ó fà kálẹ̀,
Tí ó kọ òkìtì lọ ránmu ránmu.   20
Ló bá bẹ̀rẹ̀ síí gbọ́n ọn
Sínú ilée rẹ̀.
Ó ní ó ṣẹ́ kóló,
Ó gbogún;
Ó nà gbàjà,   25
Ó gbogójì;
Kó tóó dalẹ́,
N ó gbẹgbàá ẹyọ;
A díá fún Olókun, Àjíbáajé.
Kèè pẹ́ o,   30
Kèè jìnà,
Ajé wáá jẹ dẹ̀kùlé awo.

(c)

Ká gbọ́n ọn gbọ́n,
Ká bú u bú;
A díá fún Ọlásí,
Ọlásí ńlooko àlerò ọdún.
Ìgbà tí wọ́n digun yí Ọlásí poo,   5
Ló bá sá lọ sí oko.
Ìgbà tí iná ọ̀tẹ̀ náàá kò,
Tí kò kú mọ́,
Ni Ọlásí bá dúró sí oko,
Kò wálé mọ́.   10
Ibẹ̀ ni gbogbo iré sì ńbá a.
Ṣùgbọ́n láti ìgbà tí Ọlásí ti kúrò nílé,
Ara ò rọ ẹnìkan.
Aboyún ò bí,
Àgàn ò tọwọ́ àlà bosùn.   15
Nígbà tí ọ̀ràn náà ò wọ̀ mọ́,
Ni gbogbo ará ìlú bá dìde,
Wọ́n ní ó yẹ kí àwọ́n mú Ọlásí wálé,

At the back of her house.
The following morning,
She went to the back of her house,
And found countless live cowries[4]
Gathered together in heaps all over the place.   20
She then started to gather them
Into the house.
She said, "He bent himself double,
And received twenty cowries;
He stretched himself flat on the ground,   25
And received forty cowries;
Before nightfall,
I will receive two thousand cowry shells.
Ifá divination was performed for *Olókun* nick-names *Àjíbáají*.
Before long,   30
At no distant date,
Money made its way into the back of Ifá priest's house."

(c) *How* Òòṣàoko *Became A God Of The Farm*

Let us gather it together;
Let us break it into pieces.
Ifá divination was performed for *Ọláṣí*
Who was going on his annual visit to the farm.
When people hatched a plot against *Ọláṣí*   5
He ran away to the farm.
When the intensity of the plot continued
Without diminishing,
Ọláṣí decided to remain on the farm,
And he no longer returned to the city.   10
While on the farm, he had all the good things of life.
But since the time *Ọláṣí* left the city,
Nobody was at peace.
Pregnant women could not be delivered of their babies.
Barren women did not dip their white hands in camwood
      ointment.   15
When the matter became unbearable,
All the inhabitants of the city got up,
And said that it was time they brought *Ọláṣí* back into the city,

Kí ara ó le baà rọ àwọn.
Ọláṣí ní bí òun ó bàá tún padà wálé,   20
Òun ó jẹun yó tẹtẹ,
Òun ó mu àmuyó,
Òun ó sì gẹsin,
Tìlùtìfọn ni wọn ó sì fi mú òun wọlú.
Bẹẹ gaan náà ni wọ́n sì ṣe mú Ọláṣí wọlú.   25
Ìgbà tí ó dé ìlú tán
Ni ara tóó bẹrẹ síí rọ àwọn ará ílú.
Lọ́dọọdún, bí àkókò tí wọ́n mú Ọláṣí wọlú bá pé,
Tìlùtìfọn ni gbogbo àwọn ará ìlú
Fií ṣe ìrántíi rẹ̀.
                                                                        30
Ó ní ká gbọ́n ọn gbọ́n,
Ká bú u bú;
A díá fún Ọláṣí,
Ọláṣí ńlọoko àlerò ọdún.
Èrò Ìpo,
                                                                        35
Èrò Ọ̀fà,
Ẹ wáá bá ni lárùúṣégun.
A á ṣe mọ Ọláṣí,
Ni à ńpè ní Òòṣàoko.

(d)

Àgbàá làkè, lalẹ;
A díá fún Ọ̀rúnmìlà,
Yóò ṣégun ayé,
Yóó sì ṣẹ́ tọrun.
Wọ́n ní kí Ọ̀rúnmìlà ó rúbọ.   5
Wọ̀n ní yóò ṣégun ọtáa rẹ̀.
Ìgbà tí ó rúbọ tán,
Ó sì ní iṣẹ́gun.
Ó ní bẹẹ gẹgẹ ni àwọn awo òun
Ńṣẹnu reé pe 'Fá.   10
Àgbàrá làkè lalẹ;
A díá fún Ọ̀rúnmìlà,
Yóò ṣégun ayé,

So that they could have peace.
But *Ọláṣí* said that if he would ever return to the city,   20
He would eat to his satisfaction,
He would drink sufficient wine,
And he would ride on horse-back.
Furthermore, they should accompany him with drums and
    trumpets.
That was exactly how they brought him back into the city.   25
It was after he returned into the city
That the townspeople started to have peace.
Every year, whenever the exact date of Ọláṣí's return to the
    city came,
It was with drums and trumpets that the townspeople
Remembered him.   30
He said, "Let us gather it together;
Let us break it into pieces.
Ifá divination was performed for *Ọláṣí*
Who was going on his annual visit to the farm.
Travellers to the city of *Ìpo*,   35
Travellers to the city of *Ọ̀fà*,
Come and see us conquering with sacrifice."
Who is the person known as *Ọláṣí?*
That is the name of *Ọ̀ọ̀ṣàoko*.[1]

     (d) *Ifá Conquered His Enemies On Earth And In Heaven*

The torrent breaks through hills and valleys.
Ifá divination was performed for *Ọrúnmìlà*
Who would conquer his enemies on earth
As well as in heaven.
Ọrúnmìlà was told to perform sacrifice.   5
He was told that he would triumph over his enemies.
After he had performed sacrifice,
He was victorious.
He said that was exactly how his Ifá priests
Employed their good voices in praise of Ifá.   10
"The torrent breaks through hills and valleys.
Ifá divination was performed for *Ọrúnmìlà*
Who would conquer his enemies on earth

Yóó sì ṣẹ́ tọ̀run,
Èrò Ìpo,
Èrò Òfà,
Ẹ wáá bá wa lárùúṣẹ́gun.
Àrúṣẹ́gun làwá wà.

As well as in heaven.
Travellers to the city of *Ìpo*,
Travellers to the city of *Òfà*,
Come and find us conquering with sacrifice.
We are in a position where we conquer with sacrifice."

XVI *Ofun Méjì*

(*a*)

Àtẹ́lẹsẹ̀ abara pẹ́lẹ́bẹ́;
A díá fún ẹni-apáòká.
Ẹni-apáòká lorúkọ à á pòkè.
Ogún ọdún òní o,
Òkè ḿbẹ láìkú gbọingbọin.   5
Gbọingbọin mọ̀ ni tòkè,
Òkè, òkè gbọingbọin.
Ọgbọ̀n ọdún òní o,
Òkè ḿbẹ láìkú gbọingbọin.
Gbọingbọin ni tòkè,   10
Òkè, òkè gbọingbọin.

(*b*)

Adéyẹrí lawo Aláràán;
Adétutù lawo Àjífọ̀rọ̀gbogbolà;
A díá fún Ọrúnmìlà,
Ó jí ní kùtù,
Ó ńlọ lèé gbólómitútù níyàwó.   5
Ayé Ifá tutù jomi lọ.
Ayé Ifá tutù jomi lọ ò,
Ayé Ifá tutù jomi lọ.
Afèdèfẹ̀yọ̀ ló gbólómitútù níyàwó,
Ayé Ifá tutù jomi lọ.   10

(*c*)

Bágbọ́n ó ṣoro, a tìdí bọlé;
Bídà ó ṣoro, a tèèkù bàkọ̀;
Kọ̀rọ̀wọ̀ àgbagbà ni wọ́n dífá fún,
Nígbà tí ńjẹ nírọ̀gbun ọ̀tá.
Wọ́n ní kí àgbagbà ó rúbọ.   5
Ó sí rú u.

[150]

XVI Òfún Méjì

(a) He Who Cannot Be Subdued

The sole of the feet is always flat.
Ifá divination was performed for he who cannot be subdued.
He who cannot be subdued is another name for the hill.
Twenty years from today,
The hill remains alive and as strong as ever.   5
The hill is always found to be as strong as ever.
The hill, the hill, who is strong and firm.
Thirty years from today,
The hill remains as strong as ever.
The hill is always found to be as strong as ever.   10
The hill, the hill who is strong and firm.

(b) Ifá's Life Was Cooler Than Water

Adéyẹrí,[1] Ifá priest of Aláràán,[2]
Adétutù,[3] Ifá priest of Àjífọ̀rọ̀gbogbolà,[4]
Performed Ifá divination for Ọrúnmìlà
Who woke up early in the morning,
And was going to marry she who bathes only with cold water.[5]   5
Ifá's life was cooler than water.
Ifá's life was certainly cooler than water.
Ifá's life was cooler than water.
The speaker of all languages[6] was the one who married she who
     bathes only with cold water.
Ifá's life was cooler than water.   10

(c) The Tall Plantain Living Among Enemies

When the wasp wants to sting, it dips its anus into its hive;
When the sword wants to strike, its handle points in the
     direction of the scabbard;
Ifá divination was performed for the tall Plantain Plant
When he was living among enemies.
The Plantain was told to perform sacrifice,   5
And he performed sacrifice.

Ó sì ṣẹ́gun àwọn ọ̀táa rẹ̀.
Ó wáà ńyin àwọn awoo rẹ̀.
Àwọn awoo rẹ̀ ńyin 'Fá.
Ó ní bágbọ́n ó ṣoro,   10
A tìdí bọlé;
Bídà ó ṣoro,
A tèèkù bàkọ̀;
Kọ̀rọ̀wọ̀ àgbagbà ni wọ́n dífá fún,
Nígbà tí ńjẹ nírògbun ọ̀tá.   15
Ọ̀rúnmìlà ló dòsùrùńsùrù,
Ọba Aládé ńtorí ọ̀táá bọmi.

(d)

Ọ̀pẹ́ tẹnu kọ̀kọ̀ọ̀kọ̀,
Tẹnu bọdò,
Tẹ́nú bọko;
A díá fỌ́ràngún ilé,
A bù fỌ́ràngún oko.   5
Wọ́n ní kí àwọn méjèèjì ó rúbọ.
Wọ́n sì rú u.
Ìgbà tí wọ́n rúbọ tán,
Ni wọ́n wáá bẹ̀rẹ̀ síí rí oríṣiíríṣìí ire.
Wọ́n ní ọ̀pẹ̀ tẹnu kọ̀kọ̀ọ̀kọ̀   10
Tẹnu bọdò,
Tẹnu bọko.
A díá fỌ́rángún ilé,
A bù fỌ́ràngun oko.
Èrò Ìpo,   15
Èrò Òfà,
Ìgbà Ọ̀ràngún di méjì
La doníre.

As a result, he conquered his enemies.
He praised his Ifá priests
And his Ifa priests praised Ifá.
He said, "When the wasp wants to sting, it dips its anus into its
    hive;   10
When the sword wants to strike, its handle points in the
    direction of the scabbard;
Ifá divination was performed for the tall Plantain Plant
When he was living among enemies.   15
Ọrúnmìlà said that he would repeatedly dip into water,
The head of the enemy."

(d) Ọ̀ràngún Méjì, *The Sign Of Fortune*

The palm trees which are so conspicuously bent
That some dip their heads in water,
And others dip their heads inside farmland.
Ifá divination was performed for Ọ̀ràngún[1] who lived in the city;
Ifá divination was also performed for Ọ̀ràngún who lived in the
    village.   5
Both of them were told to perform sacrifice,
And they performed it.
After they had performed sacrifice,
They started to have different kinds of good things.
They said, "The palm-trees which are so conspicuously bent   10
That some dip their heads in water,
And others dip their heads inside farmland.
Ifá divination was performed for Ọ̀ràngún who lived in the city.
Ifá divination was also performed for Ọ̀ràngún who lived in the
    village.
Travellers to the city of Ìpo,   15
Travellers to the city of Ọ̀fà,
When we see Ọ̀ràngún Méjì,
We begin to have fortune."

NOTES

(*a*)

1. Thunder stones refer to the ancient stone axes sacred to the worshippers of *Ṣàngó*, the Yoruba thunder and lightning divinity. The Yoruba, like all other peoples to whom these ancient stones are sacred, believe that these stones were hauled down the sky during thunder whenever *Ṣàngó* was angry. According to Yoruba belief, *Ṣàngó* is the enemy of thieves, liars and traitors and whenever he detects them, he throws thunder stones at them. When hauled by force from the sky, these stones are believed to be so powerful that they could destroy a whole building in a single stroke. The thunder stones may also set buildings on fire, wound and/or kill the inhabitants. When there is any incidence of lightning affecting people in any place, the *Ṣàngó* priests are called upon to remove the thunder stone which caused the destruction and to perform all the traditional rites stipulated for such occasions.

2. *Àrìrà*. This is a praise name for *Ṣàngó* which depicts his extraordinary strength.

3. *Ìlá Ọbamowó*. This is an obscure place name.

4. *Adéẹkẹ*. A shortened form of the name *Adéṣeékẹ* which means "Crown is something of value which should be highly regarded and petted like a child."

5. *Èrè*. A Personal name which literally means "Gain".

6. *Ọọ̀ni*. This is the title of the king of the ancient city of *Ifẹ̀* which the Yoruba people believe to be their ancestral home and the cradle of humanity.

(*b*)

1. *Kànàkànà*. Any tool that can be used to fling an offensive weapon such as a rubber catapult.

2. *Ìgbòmokò Eségi*. Name of a place usually mentioned in connection with a battle which is believed to have taken place in ancient times. The present writer has not been able to locate this city which has probably been destroyed.

(*c*)

1. To the Yoruba, it is an important thing for a man to live a long and

useful life. This is the result of the hierarchical system of authority based on age and divine kingship. Furthermore, anyone who dies young cannot become an ancestor and is therefore considered as having failed to live a full life. Living a useful life, to the Yoruba, also includes being able to carry one's responsibilities (catering for one's wives, children and other members of the extended family system) until full maturity when one's children normally take over the responsibilities.

(d)

1. *Pàkelemò*. This personal name is probably an obscure appellation for *Òrúnmìlà*.

2. The three parts of the body mentioned in the poem, Head, Chest and Genital Organs are of symbolic importance to the Yoruba people. Head is the symbol or predestiny; Chest is the symbol of a good and warm life filled with lovers and friends while the genital organs symbolise reproduction or fertility which is the most important thing necessary for the continuation of the whole culture.

II *Òyèkú Méjì*

(a)

1. *Òyè*. This is a shortened form of the name *Òyèkú*, the second principal *Odù* of the Ifá literary corpus from which this poem is extracted.

2. *Èṣù* is the divinity who receives all sacrifices on behalf of the other divinities. Fish therefore called *Èṣù* a thief in this story because she thought that she was being asked to offer an unnecessary sacrifice to *Èṣù*.

3. *Ògbún*. A hollow calabash used for collecting and throwing off water from a river which is being drained of its contents. Its hollow shape allows quick and easy drainage of water without too much strain.

4. This line actually means that after catching the fish, human beings cooked and ate it with pounded yam, a favorite Yoruba food.

5. The commandment of *Èṣù* referred to here is an allusion to the power of that divinity as keeper of *àṣẹ*, the divine and highly potent power with which *Olódùmarè* created the universe and maintains its physical laws. *Èṣù* believed to be the keeper of a copy of that power, and with it, he and other divinities (who usually borrow the power from him) could perform supernatural deeds. It was by the use of this power therefore that *Èṣù* commanded that the species of fish should continue to thrive on earth despite the constant attack of human beings.

(b)

1. The walking stick is used to shake off water which has gathered on the

leaves on both sides of a narrow farm path so as to prevent the clothes of the person passing through the path from getting wet.

2. Most of the roads leading to Yoruba village settlements and farms are narrow foot-paths. Some of these paths are so narrow that one foot has literally to struggle with the other in order to pass through them.

3. Heaven is here used as an English equivalent of the Yoruba term *ọ̀run* which refers to the place into which dead people go after their deaths. *Ọ̀run* is the abode of the divinities and the ancestors. However, the Christian (Western) conception of heaven is not exactly the same as that of Yoruba *ọ̀run*.

4. The Yoruba do not use red cloth to cover up the dead. To them, red signifies danger and restlessness. Since what the dead need is peace, it is not surprising that the Yoruba will not cover the dead with a cloth that has any red colour whatsoever. The dead is first wrapped in white cloth and covered again with layers of other shades of cloth apart from red.

(c)

1. *Àtàtà-tanìn-tanìn*. This is the name of an Ifà priest. The name probably refers to his extraordinary strength. All Ifá priests bear nick-names in addition to their regular names. When they are among their fellow Ifá priests, they are called by their nick-names.

2. *Ọlọmọ*. This is another name for the hill or mountain. To the Yoruba, the hill is a thing of wonder probably because the greater part of their country is an undulating plain broken only by a few rocky hills which dominate the landscape like a giant among men. The strength and seeming immortality of the hill forms the subject of many Ifá poems.

3. *Ajogun*. A collective name for all malevolent supernatural powers which could fight against man (e.g. Death, Illness and Loss). These "evil" powers are all personified in Ifá divination poetry. To the Yoruba, the *ajogun* are a counter to the benevolence of the divinities and the ancestors. Thus, while the latter can be seen as friends of man, the *ajogun* are the avowed enemies of man, bringing him unhappiness, sorrow and death.

4. *Èṣù* always sits outside the house of anybody who is to be attacked by the *ajogun* provided that person has performed sacrifice. Whenever the ajogun find *Èṣù* in this position, they are always made powerless. *Èṣù* will only perform this policeman's duty for anyone who has offered sacrifice; hence the saying "ẹni ó rúbọ lÈṣùú gbè" (*Èṣù* favours only those who have offered sacrifice). As keeper of Olódùmare's *àṣẹ*, he (*Èṣù*) has power over both the benevolent and the malevolent powers. Indeed, some Ifá poems refer to the *ajogun* as the disciples of *Èṣù*; and, as already mentioned, the divinities cannot do anything without *Èṣù* since they have to make use of his *aṣe* whenever they want to perform supernatural deeds. From this point of view, *Èṣù* can

be said to be the super-divinity of the universe. Without him, there can be no order, balance or justice. In other words, without Èṣù, there can be no moral values, no culture and no God.

5. This is the only poem collected by this investigator which tells of the power of yam-flour as a counter against the attack of the *ajogun*. However, the medicinal and food value of yam-flour has been known to the Yoruba for many centuries. Food made out of yam-flour forms an important part of Yoruba diet.

6. The song of Ifá priests here refers to *iyèrè* which is a type of Ifá divination poetry in chanted form.

(d)

1. These lines refer to Yoruba belief concerning predestination. For full explanation, see introduction.

2. *Mọ́sàajì*. This is believed to be a garment used by kings in ancient times. The cloth is believed to be very costly, light and very warm.

3. *Ikúṣàánú*. A personal name which means "Death, please have mercy on us."

4. *Alápà*. This title is traditional to the city of *Ìràwé*, a small town in *Ọ̀yọ́* division.

III Ìwòrì Méjì

(a)

1. The spider is the subject of several Ifá poems which marvel at its expertise in spinning its thread into different artistic shapes.

(b)

1. An ant-hill which has lost its top becomes a mere receptacle for water. Ant-hills could be found all over the Yoruba tropical rain-forest and savanna regions. Some of these ant-hills are very big and as tall as ten feet or more.

2. *Orúrù* is a common tree in most parts of Yorubaland. Its flowers which are bright red are referred to in this poem as "garment of blood."

(c)

1. *Ìtórí*. An *Ẹ̀gbá* town on the Lagos–*Abẹokuta* motor road.

2. *Àkàtàǹpó*. A Yoruba traditional hunting implement.

(d)

1. *Èjì Ìwòrì*. The same as *Ìwòrì Méjì*, the third of the principal sixteen categories of Ifá literary corpus.

2. *Tẹ̀tẹ̀*. A vegetable of the spinach class which people eat.

3. *Tẹ̀tẹ̀npọ̀nlá*. A vegetable of the same species with *tẹ̀tẹ̀*.

4. *Agba*. A tough climbing stem used as rope.

5. *Ìjòkùn*. Another climbing stem..

6. *Keekéè*. A climbing stem found only in deep forests.

7. *Ọ̀yọ́ Àjàká*. This is another name for *Ọ̀yọ́-ilé* (Old Ọ̀yọ́) founded by *Àjàká*, one of the son's of *Ọ̀ràányàn* who is considered to be the first king in the *Ọ̀yọ́* ruling dynasty.

IV *Òdí Méjì*

(a)

1. The shrines of some Yoruba divinities are built outside the house or in the bush with mud walls and thatch roof. Some of these shrines are usually very small houses inside which the paraphernalia of the divinity are kept. The shrines of some other divinities are situated inside the homes where their devotees live. When this happens, a special part of the house is set aside for the iconography and other instruments of the divinity involved.

(b)

1. The city of Benin which is now the capital of the Mid-west State of Nigeria features prominently in Yoruba folklore. Indeed, Yoruba mythology claims that the present ruling dynasty in Benin descended from *Odùduwà*. Yoruba mythology refers to Benin as "the city of money" (*Ìbíní ilé owó*) because of the presence of the Portuguese, who brought cowry money into Africa, in that city.

2. *Àràn*. An important drum used mainly in the worship of Ifá.

(c)

1. *Ajẹ̀ngbẹ̀rẹ̀ Mògún*. This place name features prominently in several Ifá verses. The city is reputed to have had the Yoruba traditional wall and moat and a city gate watched by a regular gate-keeper. Gate-keepers known to the Yoruba as "oníbode" collect tolls from people who move goods shrough the city gates. Such tolls form an important part of government revenue in traditional Yoruba society.

2. *Ìpo*. A town in the northern part of Yorubaland (Kwara State).

3. *Ọ̀fà*. An important Yoruba farm in the Kwara State of Nigeria.

(d)

1. *Òdí*. The fourth of the sixteen principal categories of Ifá literary corpus.

[158]

2. *Ejìgbòmẹ̀kùn.* This is believed to be a famous market town near Old Ọ̀yọ́. Many myths concerning markets and trade centre around this market town.

3. The head of the market women known in Yoruba as "*iyálọ́jà*" is usually chosen by the ruler of each town from among the best known market women who have qualities of leadersnip. The regulation of the complicated business of the market is carried out by the *iyálọ́jà.*

V *Ìrosùn Méjì*

(a)

1. Bush-cows are to be found in large numbers in the savanna forests of parts of Yorubaland. These bush-cows go together in large numbers at the same time. When they are so many, they move about with so much group confidence that it can be said that they do not fear the hunter and his implements.

2. *Olọ́gbun.* A personal name which can literally be translated as "Owner of the deep pit."

3. *Ṣàngó.* The Yoruba thunder and lightning divinity. See I (a) 1.

(b)

1. *Ìbabúrú.* This word is used here to denote the name of an Ifá priest as well as the name of a city. Here, as well as in the following two names in this poem, what the poet wants to achieve is a play on the words *Ìbabúrú, Ìbabùrù* and *Ìbarakata.* These names are otherwise meaningless.

2. *Ìgbà.* This word which can literally be translated as "Time", can also mean "History." The whole message of this poem centres around a personification of "History" which it attempts. What the poem attempts to say is that History went to the city of Ọ̀yọ́ and made it famous as a centre of life and culture.

3. *Ọ̀yọ́.* The ancient Yoruba city which was the headquarters of the Old Ọ̀yọ́ empire. The city was destroyed in the 1830's. At the apogee of the Old Ọ̀yọ́ empire, the city of Ọ̀yọ́ was the measure of Yoruba culture and civilization.

4. *Òsùn.* A vegetable which has a fresh and satisfying taste.

5. *Ẹ̀rìgì ÀlÀ.* Another name for *Ọ̀rúnmìlà.*

(c)

1. *Pòrò.* A personal name.

2. *Aró.* Indigo dye. This is an important Yoruba traditional dye-stuff prepared with indigo and other chemicals.

3. *Àasà.* This is a personal name given mainly to women. It is also the name of a minor divinity.

4. *Odòjé.* Another personal name rarely used nowadays.

(d)

1. The last two lines of this poem explain the importance of a wife and children to any man in Yoruba traditional society. The wife helps with the harvesting and marketing of such products as kolanuts while the child helps with the preparation of food items such as grinding of pepper.

VI *Ọwọnrín Méjì*
(a)

1. *Ìrókò.* The African teak. One of the tallest and most precious West African hardwoods. *Ìrókò* grows abundantly in the luxuriant Yoruba rain forest. Its giant size and imposing height make it easily the most distinct tree in the forest. The Yoruba believe that *Ìrókò* is not an ordinary tree because supernatural powers dwell inside its trunk.

2. *Ìgbò.* Name of an ancient town which features prominently in Yoruba mythology.

(b)

1. *Àkó.* A personal name for a woman. When the name is used for a dog, it refers to a dog which has just delivered young puppies. Áko also refers to a naturalistic burial effigy found in several parts of Yorubaland especially at Ọ̀wọ̀.

(c)

1. *Ẹ̀ríntúndé.* A personal name which means "Joy (Laughter) has come again."

2. *Ẹlẹ́rìn.* The king of the ancient city of *Ẹ̀rìn.*

3. *Sàjéjé.* An important place name in the kingdom of *Ẹ̀rìn.*

(d)

1. *Jàǹjàsá.* A personal name.

2. The Yoruba believe that each person has comrades in heaven just as he has here on earth. Furthermore, there are certain people who, before their births, were leaders of their own comrades in heaven. It is believed that unless plenty of sacrifices are made for such people, they would be recalled to heaven by their comrades. To prevent the premature death of such people, the divinity known as *Egbéọgbà* is propitiated with sugar-cane, groundnuts and other things which children like to eat.

3. *Ẹgbẹ́ọgbà*. A divinity worshipped mainly by women. It is believed to be connected with witchcraft.

VII *Ọ̀bàrà Méjì*

(a)

1. *Àgbàalẹ̀*. A personal name.

2. The blacksmith does not want war to be eliminated on earth because it will affect his industry of making war implements such as spears, arrows and cutlasses. Even in modern times, we know that the manufacturers of war armaments do not always want to see an end to war which yields profits to them through the manufacture of war planes, guns, tanks, etc.

3. *Èjì Ọ̀bàrà*. The seventh of the sixteen principal *Odù* of Ifá. He was believed to be a very poor person before he suddenly became very rich and famous.

4. *Ọlọ́fin*. Another name for *Odùduwà*, the great ancestor of the Yoruba people.

5. The odd numbers three, five, seven, nine and seventeen are very important to the Yoruba. Most markets are held every fifth, ninth, or seventeenth day while in mythology most of the important events take place on the third or seventh day.

6. The Yoruba eat pumpkin but it is usually regarded as a poor man's food.

7. *Okùn* and *iyùn* are costly beads used by chiefs and women of high social status.

8. *Láàràngúnkàn*. This cloth is believed to be a very costly one used only by kings.

9. *Ìpóró*. An *Ẹ̀gbá* village. The gongs mentioned here are used by Ifá priests as instruments of a special type of music characteristic of the Ifá cult.

10. *Ìkijà*. Another *Ẹ̀gbá* village. *Àràn* is also an important Ifá drum.

11. *Ìṣẹrimogbe*. An ancient town not too far away from Lagos.

(b)

1. *Agílíntí*. A type of bush lizard whih has very coarse body. When it breathes, its throat makes noise and its body puffs up.

2. *Ọ̀nà Ọ̀pọ́npọ́n*. A personal name.

3. *Ìmó*. Another personal name.

(c)

1. *Àgbìgbònìwọ̀nràn*. A bird which has a fat head and a tuft of hair in the

middle of the head. It is believed that this bird was an Ifá priest but that he was unfaithful to his clients. As a result of his unfaithfulness, he became a bird of the forest.

2. *Oníkoromẹ̀bí*. This is believed to be the title of a chief.

3. *Ìyẹ̀rẹ̀*. Ifá divination poetry in chanted form and usually with the accompaniment of music.

4. The dirges of destiny. This refers to *ìyẹ̀rẹ̀*, one of the most important themes of which is predestination.

(d)

1. The Yoruba use gourds or clay pots to draw water from rivers and springs which formed the main sources of drinking water in traditional Yoruba society. As spring water is usually very shallow, it is not possible to immerse a water gourd completely in it when drawing water.

2. After *Àgbìgbò* became a forest dweller according to the myth mentioned in VII (c) 1 above, he visited human society occasionally in order to cause trouble. He joined the gang of the *ajogun* and allied himself with death so that he might be able to kill human beings. He assisted death in carving coffins inside which death put all his victims. He would carry the coffin to the house of anyone marked down by death for killing. When he tried to do this with *Ọ̀rúnmìlà*, *Èṣù* commanded that the coffin should for ever stick to his head. That coffin is represented on Àgbìgbò's head by the tuft of hair which could be seen in the middle of his head.

VIII *Ọ̀kànràn Méjì*

(b)

1. *Èjì Ọ̀kànràn*. The eighth of the principal sixteen Odù Ifá.

2. *Ìtilẹ̀*. This is the name of a place famous in mythology as the home of *Ọ̀kànràn*. Several Ifá poems refer to a long struggle which *Ọ̀kànràn* had with his enemies before he regained *Ìtilẹ̀* from them. But after this victory of *Ọ̀kànràn*, he became the unchallenged overlord of his father's domain.

(c)

1. *Ìyálóde*. An important title held only by women.

2. She probably wept because the hen had had so many chicks while she had no children.

(d)

1. *Olúòrójò*. A praise name for *Ṣàngó* which means "King who must not see

rain." This name is given to him because he fights his enemies with thunder-stone during rain.

2. *'Bámbí*. Another praise name for *Ṣàngó*. The complete form of the name is *Olúbámbí* which means "The Almighty God helped me before I had this child."

3. *Ọya*. One of the three wives of *Ṣàngó*. She is the divinity responsible for storms and strong winds.

IX *Ògúndá Méjì*
(a)
1. *Òjòntarìgì*. The mythical wife of death who is believed to be a very powerful and fearful woman.

2. *Osùn*. A reddish substance extracted from a tree which bears the same name. This substance is available in a powderish or moist form. Women use the moist form as an ointment which they rub on their bodies. The powder is used for making a dye-stuff which *Ṣàngó* devotees use to dye their clothes.

(b)
1. *Ìrá*. A wild animal which resembles the horse. Its horns are used as part of the paraphernalia of *Òge*, a minor divinity worshipped mainly by barren women.

2. *Àfọn*. A tree which thrives near river valleys. Its fruit is a big pod which contains edible seeds.

(c)
1. *Ògúndájì*. The full form of this name is *Ògúndá Méjì* which is the ninth of the principal sixteen *Odù* of Ifá. The *Odù* belongs to *Ògún* (the Yoruba war and hunting divinity) and is therefore related to implements of war.

(d)
1. This onomatopaeic expression imitating the sound of arrows which *Ọrúnmìlà* shot at death on the farm, is presented here as the name of an Ifá priest.

2. This means that he died. But in Yoruba mythology, it is believed that in ancient times, it was possible for people to leave the earth temporarily for heaven or vice versa. It can therefore be said that after the temporary absence of death from the earth, he later returned.

3. *Olónìimoro*. A praise name of *Ọrúnmìlà*.

X Ọsá Méjì

(a)

1. *Pòòkọ́.* A calabash or coco-nut shell container in which camwood ointment is kept.

2. *Òge.* A minor divinity worshipped mainly by barren women in the expectation that they would thereby have children. See IX (b) 1.

3. *Ìgbọ́nná.* The name of a place believed to be the original home of *Òge.*

(b)

1. *Ọlọ́sẹ̀ẹ̀.* A personal name.

2. Birds cannot eat cotton wool although its white colour may attract them.

(c)

1. *Ọsá'* The tenth of the principal sixteenth *Odù* of Ifá.

(d)

1. *Pòòlò.* An animal trap made with leather.

2. *Ìrá.* See IX (b) 1.

3. *Ìrọ́kẹ́.* A carved Ifá object made either with ivory or wood. It is used as a rattle to invoke *Ọrúnmìlà* during the process of divination.

4. This refers to *pòòlò* (See 1 above.)

5. *Òge.* See X (a) 2.

XI Ìká Méjì

(a)

1. An art object which is being carved with a sharp instrument should not be placed on a stone so that the stone support may not make the carving instrument blunt when the latter hits the stone.

2. *Yindinyindin.* A house of ants made with solid earth and buried inside the soil. All the young ants which are not fully developed live there until they become mature and then come to the surface. A single ant house contains thousands of eggs and young undeveloped ants. The undeveloped young ants are white in colour and therefore resemble maggot.

(b)

1. *Agba.* See III (d) 4.

2. *Ìpẹ̀tì.* A type of very tough rope which is used to tie down the canoe to the shore.

[164]

3. *Olúẹ̀ri*. This is a divinity believed to be the divinity who controls all rivers. He dwells in the deepest part of the river.

(c)

1. *Ìká*. The eleventh of the principal sixteen *Odù* of Ifá.

2. *Ṣẹ̀rẹ̀*. A gourd with a very long neck which is used as a rattle for *Ṣàngó*.

(d)

1. Yoruba traditional doors known as *ààsẹ̀* are broad slabs of *ìrókò* tree to which many sharp pieces of iron are nailed.

XII *Òtúúrúpòn Méjì*

(a)

1. *Pààká*. A type of *Egúngún* masquerader which does not carry any art object on its head.

2. These forty cowries must have been thrown to him as a present from the crowd watching his artistic display of dances and recitation of poetry.

3. Belief in witches, (known to the Yoruba as *Àjẹ́*, *Ẹ̀lẹ́yẹ* or *Eníyán*) is an important part of Yoruba thought. The Yoruba believe that the witches acquired their power from the Almighty God himself shortly after they were created in heaven.

4. *Egúngún*. The Yoruba ancestor divinity. The cult of *Egúngún* probably started as a counter against the power of the witches. Indeed, in ancient times, *Egúngún* was used for catching witches.

(b)

1. *Gẹ́lẹ́lóṣe*. A personal name which means literally "It worked out exactly according to plan".

2. *Àpìni*. A compound in *Ọ̀yọ́* where the palace of the *Alápìini* is situated. The *Alápìini* is the official head of the cult of *Egúngún*. See (a) 4 above.

(c)

1. *Pẹ̀pẹ́*. An elevated part of the floor of the house used as stool for people to sit upon.

2. *Òtìtà*. A wooden stool on which people sit outside the house.

3. *Oyèépolú*. A personal name.

[165]

(d)

1. *Orí.* The Yoruba divinity responsible for predestiny. To the Yoruba, what brings success in life is a combination of several factors including pre-destination and character (good and moral life). Out of all these factors, predestination is the most important. For full details see Instruction.

XIII Ótúá Méjì

(a)

1. This is (in its original Yoruba form) an imitation of the cry of the squirrel.

2. This means that the young ones of the squirrel were cooked and eaten up with pounded yam.

(b)

1. *Ótúá.* The thirteenth *Odù* of Ifà. This *Odù* narrates the myths associated with the coming of Islam into Yorubaland.

2. *Ìpàpó.* An ancient town in *Ọ̀yọ́* division.

3. *Ọ̀sẹ̀ẹ̀rẹ̀mọ̀gbò.* Another name for *Ọ̀ọ̀ṣáálá*, the Yoruba divinity responsible for creation.

(c)

1. *Orí.* The symbol of the Yoruba divinity responsible for predestination. The divinity himself is known by the same name. Cowry shells are fastened in horizontal rows to this conical instrument. For details about *Orí* as a god of predestiny, see introduction.

2. *Okùn.* A costly bead used as a chain by rich people.

3. *Nànà Aáyì.* One of the wives of tne prophet Mohammed who was believed to have had little attention from the prophet. After her death, she became a heroine of all Muslims who fondly refer to her as "mother." (*Nànà* in Arabic means "mother.")

(d)

1. *Aádùlâì.* A Muslim name which corresponds to Arabic Abdullah. The grandfather of prophet Mohammed is known as Abdullah.

2. *Ìlá.* An ancient Yoruba city and capital of the *Ìlá* kingdom. *Ọ̀ràngun,* the king of *Ìlá* is believed to be one of the grandsons of * Òdùduwà.*

3. Dried okro known as *ọ̀rúnlá* is an important article of trade in most Yoruba markets especially in the savanna areas where okro is planted in abundance. Fresh okro is cut into tiny pieces and dried in the sun before marketing. The dried okro is used as a soup ingredient.

4. To sprinkle or rub someone with ashes denotes for the Yoruba an act of rejection and degradation. In traditional Yoruba society, people rub thieves and adulterers with ashes.

5. The Yoruba original of these lines is an imatation of the Arabic sentences uttered by Yoruba Muslims which to the ordinary Yoruba seem to have many nasal and meaningless sounds.

XIV Ìrẹtẹ̀ Méjì

(a)

1. Ọ̀ṣun river. An important Yoruba river. This river is believed to be originally one of the wives of Ṣàngó. She is still actively worshipped today, especially at Ọ̀ṣogbò, as one of the most important Yoruba divinities.

2. The Yoruba version of this line is an imitation of the sound made by the straw sponge when it is vigorously shaken to remove the water on it after it has been used for bathing.

3. The Yoruba use a straw sponge to bathe. After bathing, the water on it is vigorously shaken off to prevent it from getting damp.

4. When one uses the sponge to bathe, the water that falls away makes sandy and humus soil wet from time to time and therefore makes the soil rough while the sponge remains clean.

(b)

1. Ìjẹ̀sà. A Yoruba dialect group who inhabit the territory east of the city of Ifẹ̀. The capital city of the Ìjẹ̀sà is known as Ilésà which is twenty miles east of Ifẹ̀.

2. Òòṣà Ìgbòwújìn. Another name for Òòàṣálá, the Yoruba creation divinity.

3. Iyùn. A costly bead.

4. Olódùmarè. The Yoruba Almighty God who is believed to be in ọ̀run which is up in the skies.

(c)

1. Àdùkẹ́. A woman's praise name. The name means "She who everyone wants to pet."

(d)

1. Pááfà. A personal name.

2. Elẹ́mẹ̀rẹ̀. A personal name.

3. Àgbọnnìrègún. A praise name of Ọrúnmìlà.

4. The inmates of the house were probably Muslims who would not eat any animal on which the normal Muslim prayers have not been said before the animal is killed.

XV Ọsẹ́ Méjì
(a)
1. Kolanut is an important Yoruba farm product. The nuts are wrapped with leaves so as to keep them fresh.

(b)
1. *Olókun*. The Yoruba goddess of the sea.

2. *Àjíbáajé*. A praise name of *Olókun* which means "The one who wakes up to find money."

3. *Èkuru*. A popular food prepared with beans.

4. The Yoruba, like several other African peoples, used cowry money introduced into Africa by the Portuguese. The cowries are obtained from the shells of dead cowries which could be found inside the sea.

(c)
1. *Òòṣàoko*. The divinity is responsible for the fertility of all farm products. The devotees of this divinity must not eat fresh yams until the annual rites in honour of the divinity have been performed.

XVI Òfún Méjì
(b)
1. *Adéyẹrí*. A personal name which means "The crown fits the head."

2. *Aláràán*. The king of *Àrán*, an important Yoruba kingdom. The descendants of the *àrán* lineage are responsible for making the *Egúngún* masqueraders' variegated costume which traditionally includes velvet.

3. *Adétutù*. A personal name which means, "The crown is very cool."

4. *Àjífọ̀rògbogbolà*. A personal name which means "He who wakes up in order to make profit out of everything."

5. Some children who are believed to have been born through the help of *Òòṣàálá* are not allowed to bathe with hot water.

6. *Ọ̀rúnmìlà* is believed to be a polyglot who understands all human languages.

(d)
1. *Ọ̀ràngún*. The sixteenth of the principal sixteen *Odù* of Ifá.

BIBLIOGRAPHY

Abimbọla, Wande, Ìjìnlẹ̀ Ohùn Ẹnu Ifá, Apá Kiini, Collins, Glasgow, 1968.
——, Ìjìnlẹ̀ Ohùn Ẹnu Ifá, Apá Keji, Collins, Glasgow, 1969.
——, "Ifá Divination Poems As Sources For Historical Evidence", *Lagos Notes and Records* 1/1, (1967).
——, "Ifá As A Body of Knowledge And As An Academic Discipline", *Lagos Notes and Records* 2/1, (1968).
——, "Stylistic Repetition In Ifá Divination Poetry", *Lagos Notes and Records* 3/1, (1971).
——, "Ifá Divination Poetry and the Coming Of Islam Into Yorubaland", *Pan-Africana Journal* April, (1972).
——, "An Exposition of Ifá Literary Corpus", Unpublished Ph.D. Thesis, University of Lagos, (1969).
——, "The Ruins of Ọ̀yọ́ Division, *African Notes*, 2/2, (1964).
Adedeji, J., "Folklore and Yoruba Drama: Obatala As A Case Study", chapter in *African Folklore*, R. M. Dorson (editor), Doubleday, 1972.
Ajayi, F. A. & Smith, R. S., *Yoruba Warfare In The 19th Century*, C.U.P., 1959.
Babalọla, S. A., *The Content and Form of Yoruba Ijala*, Clarendon Press, Oxford, 1966.
Bascom, W. R., *Ifá Divination, Communication Between Gods and Men in West Africa*, Indiana University Press, Bloomington, 1969.
Berry, J., *Spoken Art In West Africa*, London, 1960.
Dennett, R., *Nigerian Studies Or the Religious and Political Systems of the Yoruba*, Macmillan, 1960.
Ellis, A. B., *The Yoruba Speaking People of the Slave Coast of West Africa*, London, Chapman and Hall, 1894.
Fadipẹ, P. (F O. Okediji, editors), *The Sociology of the Yoruba*, Ibadan University Press, 1970.
Farrow, S. S., *Faith, Fancies and Fetish, Or Yoruba Paganism*, London, 1926.
Finnegan, R., *Oral Literature In Africa*, Clarendon Press, Oxford, 1970.
Forde, D., *The Yoruba-Speaking Peoples of South-western Nigeria*, London, 1959.
Gennep, V. A., *The Rites of Passage*, Chicago, 1960.
Herskovits, M. J. and F. S., *Dahomean Narrative*, Northwestern University Press, Evanston, 1958.

Idowu, E. B., *Olódùmarè, God In Yoruba Belief*, Longmans, 1962.

Johnson, S., *History of the Yorubas*, London, Routledge, 1921.

Lijadu, E. M., *Ifá, Ìmọ̀lẹ̀ Rẹ̀ Tí Ṣe Ìsìn Ní Ilẹ̀ Yoruba*, Religious Tract Society, London, 1901.

Lord, A. B., *The Singer of Tales*, Atheneum, New York, 1971.

Lucas, O., *The Religion of the Yorubas*, C.M.S. Bookshop, Lagos, 1948.

Meeke, C. K., *A Sudanese Kingdom, An Ethnographic Study of the Jukun-Speaking Peoples of Nigeria*, London, 1935.

Ogunbọwale, P. O., *The Essentials of the Yoruba Language*, C.U.P., 1970.

Radin, P., "The Literature Of Primitive Peoples", *Diogenes* 12, 1955.

Sebeok, T. A., *Style in Language*, MIT, 1960.

Smith, R. S., *Yoruba Kingdoms*, Methuen, London, 1969.

Ṣowande, F., *Ifá*, Forward Press, Yaba, 1964.

Thompson, R. F., *Black Gods and Kings, Yoruba Art At U.C.L.A.*, Los Angeles, 1971.

Thompson, S., *Motif-index of Folk Literature*, Revised Edition, six volumes, Copenhagen, 1955–8.

Vansina, J., *Oral Tradition, A Study In Historical Methodology* (English translation by H. M. Wright), London, 1965.

Verger, P., *Notes Sur Le Culte Des Oriṣa Et Vodun à Bahia, La Baei de tous les Saints, au Brésil et à l'ancienne Côte des Esclaves en Afrique*, Mém., IFAN 51 (1957).

Werner, A., *African Mythology*, Boston, 1925.

Willet, F., *African Art*, Praeger, New York, 1971.